Weihnachts-*bäckerei*

Internationale Rezepte für die schönste Zeit des Jahres

Text
Erika Casparek-Türkkan

Fotos
Michael Brauner

Titelbild
Die auf dem Titel abgebildeten »Schokoladensterne« (auf dem Teller links) finden Sie auf Seite 115, die »Baumkuchen-Ecken« (auf dem Teller in der Mitte) auf Seite 107, die »Nuss-Küsschen« (auf dem Teller rechts) auf Seite 75.

1
2
3
4
5
6
7
8

Grundzutaten für die Weihnachtsbäckerei

1 | Mehl

Für die würzigsten Teige – wie für Lebkuchen oder vollwertiges Gebäck – wird gerne Vollkornmehl oder das weniger ausgemahlene Mehl Type 1050 verwendet. Zartes Gebäck dagegen bereitet man lieber mit weißem Weizenmehl Type 405 zu. Sofern nicht anders angegeben, verwenden wir diese Mehlsorte für unsere Teige. Dinkelmehl enthält mehr wertvolle Inhaltsstoffe als Weizenmehl und schmeckt besonders nussig.

2 | Hefe, Backpulver & Co.

Hefe muss frisch sein, von hellgrauer Farbe, fester Konsistenz und angenehm säuerlich duften. Trocken- bzw. Instant-Hefe verliert ihre Treibkraft auch nach Monaten nicht, doch ist ihre Treibfähigkeit etwas geringer. **Backpulver, Pottasche** und **Hirschhornsalz** lockern den Teig und lassen ihn aufgehen. Backpulver eignet sich für Rühr- und Knetteige, die nicht lange ruhen müssen. Pottasche und Hirschhornsalz sind typische Lebkuchenteigtriebmittel.

3 | Eier

Kaufen Sie für die Weihnachtsbäckerei unbedingt frische Eier, möglichst in Bioqualität. Wenn nicht anders angegeben, benötigen Sie Eier in Größe M.

4 | Zucker, Sirup & Honig

Weißer **Kristallzucker** wird aus dem Saft der Zuckerrübe gewonnen, Rohrzucker mit leicht karamelligem Geschmack wird aus Zuckerrohr hergestellt. **Ahorn**- und **Zuckerrübensirup** sind eingedickte Säfte von Zuckerahorn bzw. Zuckerrübe. Damit schmeckt das Gebäck feinherb bzw. kräftig honigartig. **Honig** für Weihnachtsgebäck muss nicht von der teuersten Sorte sein. Mit einer Zuwiegewaage lassen sich Honig und Sirup genau dosieren.

5 | Früchte, trocken & kandiert

Trockenfrüchte sollten nicht geschwefelt oder gewachst sein. Zur Weihnachtsbäckerei gehören kandierte Früchte wie Zitronat und Orangeat, aber auch kandierte Mango, Papaya und Ananas.

6 | Nüsse & Kerne

Beim Kauf von Nüssen, Kernen und Kokosraspeln auf das Haltbarkeitsdatum achten. Lange gelagert werden sie leicht ranzig. Übrig gebliebene Nüsse und Kokosraspel einfrieren. Fürs duftend-feine Kokosaroma gibt's im Asienladen oder im gut sortierten Supermarkt feste Kokosnusscreme.

7 | Schokolade & Kakao

Für Teige, zum Glasieren und Verzieren eignet sich Kuvertüre besser als Tafelschokolade. Sie hat einen besonders hohen Kakaobutteranteil und schmilzt zart und klümpchenfrei. Vollmilch-, Halb- und Edelbitterkuvertüre gibt's im Backregal. Dunkler, schwach entölter Kakao macht den Teig ebenfalls schön schokoladig. Vor der Verwendung durchsieben.

8 | Marzipan & Mohn

Marzipanrohmasse wird gerne für Teige wie auch zum Füllen verwendet, z. B. zusammen mit Mohn. Der Handel führt backfertige Mohnmasse oder Mohn zum Selbstmahlen. Ideal dafür: der Blitzhacker.

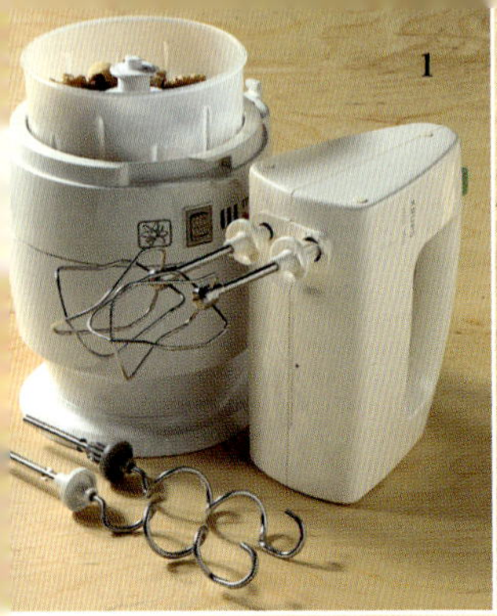

1

2

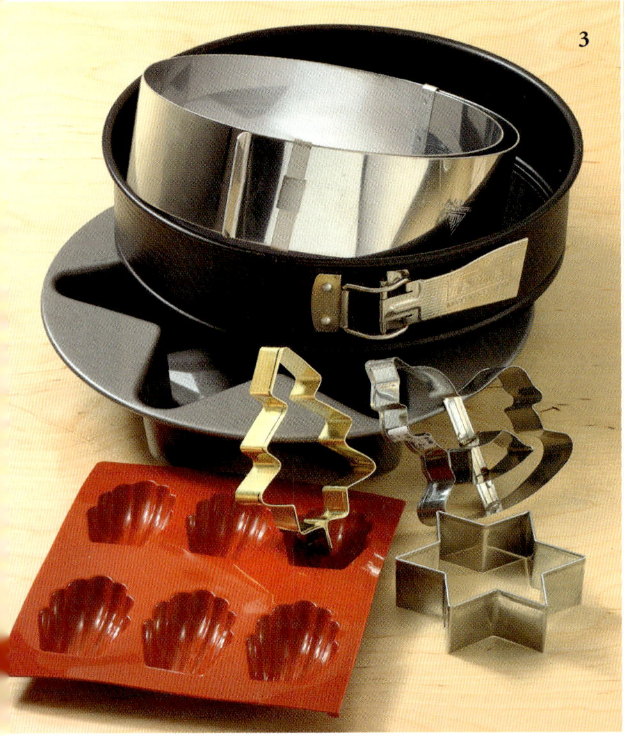

3

4

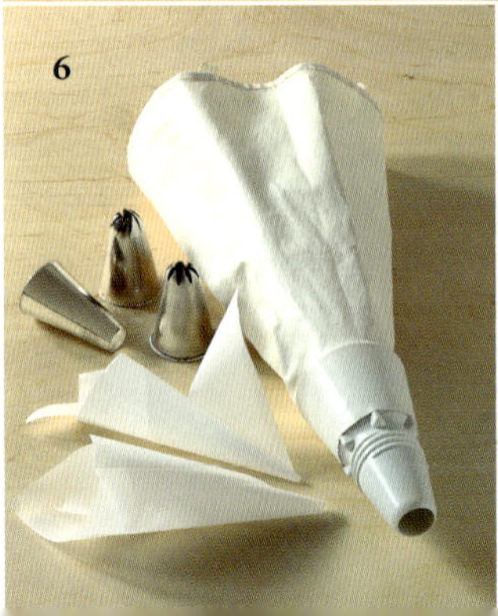

6

7

Die praktischen Helfer

1 | Küchenmaschinen

Wichtigster Helfer bei der Teigbereitung ist das elektrische Handrührgerät mit je zwei Quirlen zum Rühren von Cremes und weichen Teigen sowie zum Schlagen von Eischnee. Knethaken eignen sich für schwerere Teige. Praktischer: eine Küchenmaschine, die eigenständig rührt. Doch nicht zu lange rühren, sonst verliert die Masse ihre lockere Konsistenz. Beim Mahlen von Nüssen und Kernen hilft der Blitzhacker. Kleine Mengen schafft die klassische Mandelmühle.

2 | Waage & Messbecher

Sie sind unverzichtbar fürs Wiegen von festen und fürs Abmessen von festen und flüssigen Zutaten. Praktisch: die Zuwiegewaage und für kleine Flüssigkeitsmengen Messbecher mit Milliliter-Einteilung.

3 | Formen & Förmchen

Sie brauchen Spring-, Kasten- und Gugelhupfform sowie Muffin- und Madeleine-Förmchen. Ideal sind beschichtete Formen, die Sie trotzdem leicht einfetten sollten. Statt einer kleinen Springform tut's auch ein Backring. Diesen auf die gewünschte Größe einstellen, fetten und auf das mit Backpapier belegte Blech stellen. Zwei Backbleche sind ebenfalls unverzichtbar.

4 | Spatel, Pinsel & Kamm

Mit einem Teigspatel aus Gummi lassen sich Eischnee und Mehl unterziehen oder Teigreste aus Schüsseln schaben. Mit einer Kuchenpalette hebt man empfindliche Plätzchen vom Blech. Nützlich sind Pinsel in allen Breiten zum Glasieren und ein gezackter Teigkamm zum Ziehen von Streifen auf cremigen Oberflächen.

5 | Folie & Backpapier

Leichter als auf der bemehlten Arbeitsfläche kann zarter Teig zwischen Frischhaltefolie dünn ausgerollt werden. Dafür zwei passende Bogen Frischhaltefolie von der Rolle abreißen oder einen großen Gefrierbeutel an den Seiten aufschneiden. Wer Backpapier oder eine Backmatte verwendet, erspart sich das Einfetten des Blechs.

6 | Spritzbeutel & Tüllen

Ein Spritzbeutel leistet gute Dienste. Er wird im Haushaltsfachhandel neben Tüllen in verschiedenen Größen angeboten. Zum Verzieren Schokolade oder Zuckerguss in einen kleinen Gefrierbeutel füllen und eine winzige Ecke abschneiden. Für besonders feine Spritzglasuren aus Butterbrotpapier ein Spritztütchen basteln: Für zwei Tüten einen quadratischen Bogen diagonal in zwei Dreiecke schneiden. Eine Spitze zur Mitte der langen Seite drehen und zu einer spitzen Tüte aufrollen. Die innere Ecke nach außen und die äußere nach innen knicken. Das Tütchen halb füllen und oben zusammenfalten. Die Spitze abschneiden.

7 | Reiben & Raspeln

Gebraucht werden eine feine Reibe für Zitronen- und Orangenschale und eine grobe für Schokolade oder kalte Butter, wenn weiche gebraucht wird. Die Butter einfach zu den Zutaten in der Schüssel raspeln. So wird sie rasch geschmeidig.

1

2

3

4

5

6

7

8

Weihnachtliche Würze

1 | Vanille

Eines der wichtigsten Gewürze beim Backen ist Vanille. Am aromatischsten ist das Mark der Vanilleschoten. Die sind allerdings ziemlich teuer wie auch flüssiges echtes Vanillearoma. Tipp: Ausgeschabte Stangen fein hacken und in einem Glas mit Zucker mischen. Nach einigen Tagen nimmt er das Aroma an. Natürlichen Vanillezucker in Tütchen gibt es im Bioladen.

2 | Zitronen- & Orangenschale

Sie wird von Bio-Zitrusfrüchten immer frisch mit der feinen Reibe dünn abgerieben. Bleibt etwas übrig, kann man die Schale mit Zucker gemischt in einem Glas aufheben.

3 | Zimt

Wenn es nach Zimt duftet, naht Weihnachten. Doch ist das Gewürz in Verruf geraten, seit eine zu hohe Dosis Cumarin darin entdeckt wurde, das die Leber schädigt. Zu viel Cumarin steckt meist in gebrauchsfertig angebotenem Billig-Zimtpulver, das aus der dicken Cassia-Zimtrinde hergestellt wird. Zimtpulver aus dem dünnschaligen teureren Ceylon-Zimt ist dagegen aus Sicht des Bundesinstituts für Risikobewertung unbedenklich. Doch ist auf der Tüte nicht angegeben, aus welcher Zimtrinde das Pulver hergestellt wurde. Zimt besser im Reformhaus, im Gewürzhaus oder in der Apotheke besorgen.

4 | Nelken & Piment

Beides sind klassische Gewürze für Lebkuchen und dunkle Plätzchen. Sie ähneln sich in Duft und Würzkraft und gehören mit Koriander, Muskatnuss und Zimt zum klassischen Lebkuchengewürz. Nicht lange aufheben, da ihr Aroma schnell verfliegt.

5 | Kardamom & Koriander

Sie geben Gebäck eine orientalische Note. Für Lebkuchen sind beide unentbehrlich.

6 | Anis

Anis verleiht Gebäck ein typisch süßliches Aroma und macht es besonders bekömmlich. Tipp: Ganze Aniskörner kaufen und vor Gebrauch im Mörser fein zerstoßen. Kleine Pflanzenfasern aussieben.

7 | Ingwer, Chili & Pfeffer

Vor allem in englischen Backstuben spielt Ingwer eine dominierende Rolle. Ingwer verleiht Gebäck eine leichte, wohlig wärmende Schärfe und Bekömmlichkeit. Chili und Pfeffer werden heute auch gerne mit Süßem kombiniert und schenken ein besonderes Geschmackserlebnis.

8 | Muskatnuss & -blüte

Muskatnuss, frisch gerieben, verleiht auch Weihnachtsgebäck feine Würze. Noch feiner und süßlicher schmeckt geriebene Muskatblüte (Macis), die es im Kräuterhaus gibt. Vorsicht! Zu viel Muskat ist giftig!

9 | Rosen- & Orangenblütenwasser

Die beiden natürlichen Destillate sind auch zum Backen beliebt. Falls sie in der Apotheke nicht vorrätig sind, kann man sie bestellen. Rosenwasser gibt es auch in türkischen Lebensmittelläden.

1

2

3

4

5

6

Dekorieren und verzieren

1 | Glasuren aus Schokolade

Zum Überziehen von Gebäck eignen sich Edelbitter-Kuvertüre mit 70 % oder Halbbitter-Kuvertüre mit 50 % Kakaoanteil am besten. Die Kuvertüre hacken und in ein Metallschüsselchen füllen. Einen etwas größeren Topf halbhoch mit warmem Wasser füllen, das Schüsselchen hineinsetzen und die Kuvertüre bei milder Hitze über dem Wasserbad schmelzen lassen. Die ideale Temperatur liegt bei 37°, also Körpertemperatur. Dippt man den Finger hinein, darf sich die Kuvertüre nicht zu kalt und nicht zu heiß anfühlen. Vorsicht! Nur ein Tropfen Wasser macht sie stumpf und bröselig.

2 | Glasuren aus Puderzucker

Aus **Puderzucker** und **Alkohol, Saft** oder **Milch:** Puderzucker sieben und mit so viel Alkohol, Saft oder Milch verrühren, dass eine dickcremige Masse entsteht. Für farbigen Zuckerguss nimmt man Rote-Bete-, Karotten- oder Spinatsaft, aufgelösten Safran, Mokka oder Lebensmittelfarbe. Den Zuckerguss mit einem breiten Pinsel flächig auf das Gebäck streichen oder in eine selbst gedrehte (s. S. 7) oder fertig gekaufte Pergamenttüte oder einen kleinen Gefrierbeutel füllen. Eine winzige Ecke abschneiden und das Gebäck mit Linien oder Tupfen verzieren. Aus **Puderzucker** und **Eischnee:** 1 Eiweiß steif schlagen, dabei 125 g gesiebten Puderzucker einrieseln lassen, bis eine cremige Masse entsteht. Die Glasur sorgfältig aufstreichen oder -spritzen.

3 | Buntes zum Aufstreuen

Im Backregal des Supermarkts, im Bio- oder Naturkostladen findet sich allerlei Buntes zum Verzieren: Streuzucker und Motive in allerlei Formen, Gold- und Silberperlen sowie Silberzucker. Damit sie haften, wird das Gebäck zuerst mit Zuckerguss oder Kuvertüre überzogen. Zuckerstreusel aus dem Bio- oder Naturkostladen sind mit natürlichen Zutaten gefärbt.

4 | Schokoladiges & Nussiges

Zum Verzieren von Plätzchen und Gebäck bieten sich auch Schokostreusel, -raspel und -chips sowie Mokkabohnen und Borkenschokolade an. Diese Dekoartikel gibt's im Backregal oder in feinen Confiserien. Hübsch verzieren lässt sich auch mit Pistazien oder Nüssen, Sonnenblumen- und Kürbiskernen oder Kokoschips. Einfach auflegen und mitbacken oder nach dem Backen mit Zuckerguss oder Kuvertüre fixieren.

5 | Kandierte Blüten & Früchte

Kandierte Angelika-Stängel, auch Engelwurz genannt, Veilchen und Orangenscheiben schmecken feinaromatisch und wirken auf Weihnachtsgebäck besonders dekorativ. (Info und Bezug über *www.bosfood.de*). Auch mit Zitronat und Orangeat lässt es sich schön dekorieren.

6 | Blattgold

Hauchzarte Blätter aus echtem Gold sind zwar teuer, aber sehr edel auf Gebäck. Man braucht nur sehr wenig davon. Blattgoldteilchen mit einem Pinsel auftragen (Info und Bezug zum Beispiel über *www.bosfood.de* oder *www.hobbybaecker.de*).

Was tun, wenn …? Kleine Pannenhilfe

1 | Zu weich?

Ist Mürbeteig, mit reichlich Butter zubereitet, zu weich und lässt sich nicht ausrollen, wickelt man ihn in Frischhaltefolie und legt ihn 1 Std. in den Kühlschrank. So wird er fester und lässt sich problemlos ausrollen. Oder man arbeitet noch etwas Mehl unter. Das hilft auch bei zu weichem Hefeteig. Beim Verarbeiten klebt er nicht an den Händen, wenn man diese mit etwas Öl einreibt.

2 | Zu fest?

Bei Hefe- wie auch bei Mürbeteig helfen einige Tropfen Milch, die gründlich untergeknetet werden. Da Mehl Feuchtigkeit sehr unterschiedlich aufnimmt, muss das Problem nicht unbedingt am Rezept liegen.

3 | Eiweiß wird nicht fest?

Eiweiß gibt Kuchen und Gebäck Bindung und Luftigkeit. Am besten lässt sich das Eiweiß von ganz frischen Eiern aufschlagen. Voraussetzung: Eiweiß und Eigelb wurden sorgfältig getrennt. Gerät nur ein Tropfen Eigelb ins Eiweiß, lässt es sich nicht mehr zu Schnee schlagen. Wird mehr als 1 Ei gebraucht, jedes Ei extra über einem Schüsselchen aufschlagen und trennen. Soll der Eischnee in den Teig, muss er dickcremig sein. Dann also nicht ganz steif schlagen.

4 | Zu wenige Bleche?

Wohin mit den ausgestochenen Plätzchen, wenn das einzige Blech noch im Ofen sitzt? Einfach auf Backpapier legen. Das kann später auf das leere und abgekühlte Blech gezogen werden. Aber Vorsicht: Der Plätzchenteig zerläuft, wenn er auf ein heißes Blech gelegt wird.

5 | Ausstechförmchen kleben?

Neben dem ausgerollten Teig immer etwas Mehl bereithalten und das Förmchen vor jedem Ausstechen hineindrücken.
So bleibt der Teig beim Ausstechen garantiert nicht kleben.

6 | Hefeteig geht nicht auf?

Dann waren die Zutaten oder die Hefe vermutlich zu kalt, und der Teig braucht einfach viel Zeit, um aufzugehen. Jetzt hilft nur Geduld. Auch ein Kälteschock kann Hefeteig zu schaffen machen. Tipp: Hefeteig schon am Vorabend zubereiten und über Nacht im Kühlschrank aufgehen lassen – das funktioniert tatsächlich.

7 | Plätzchen kleben an?

Kleben die Plätzchen nach dem Backen am Blech fest, kühlte es vermutlich zu sehr ab. Das Blech mit den Plätzchen noch mal kurz in den heißen Ofen schieben, dann lassen sie sich wunderbar mit der Kuchenpalette vom Blech lösen.

8 | Kuchen klebt in der Form?

Lässt der Kuchen sich nach dem Backen partout nicht aus der Form nehmen, hilft ein mit kaltem Wasser angefeuchtetes Küchenhandtuch. Das Handtuch um die Form wickeln, kurz warten und den Kuchen erneut stürzen. Durch die Außenkälte hat sich innen an der Form Feuchtigkeit entwickelt, und der Kuchen löst sich meist problemlos.

Zauberhafte Adventszeit

Lichter, Märkte, Leckereien – mit dem Advent beginnt die schönste Zeit des Jahres

Als die Winterwelt noch dunkel war vor der Erfindung des elektrischen Lichtes, konnten Geister und Kobolde ungestört ihr Unwesen und ihren Schabernack treiben. Vor allem im Norden mit seinen kurzen Tagen und langen Nächten hatten sie dazu ausgiebig Gelegenheit. Als wirksame Abwehr gegen das Unheimliche im Dunkeln galten aus Tannengrün oder Stroh geflochtene Kränze, die auf einen uralten Ringzauber zurückgehen. Umwand man sie zusätzlich mit Bändern in Rot und Gold – die Farben des Lebens und des Lichts – konnte eigentlich kaum noch etwas passieren. Diese Kränze hingen den Winter über als Abwehrzauber an den Türen. Mit dem Start in den Advent blieb dieser schöne Brauch bis heute erhalten. Den eigentlichen Adventskranz dachte sich erst um 1860 ein Hamburger Pastor für die Kinder in einem Waisenhaus aus. Ein Holzreifen wurde mit Tannengrün und Kerzen geschmückt und im Haus aufgehängt.

Der wichtigste Kalender für Kinder: der Adventskalender mit seinen 24 Türchen und kleinen Überraschungen. Er wurde übrigens im Jahre 1908 vom Münchner Verleger Gerhard Lang erfunden – freilich zuerst nur mit Bildchen hinter den Türen. Traditionell vor dem Öffnen des ersten Türchens am 25. November, dem Tag der Heiligen Katharina, begann man früher mit dem Weihnachtsbacken. Denn so manches Gebäck muss einige Zeit in Dosen liegen, damit sich alle Aromen entfalten. Doch für Advent fällt allemal etwas ab.

Überall beginnen jetzt auch die Weihnachtsmärkte mit ihren hell erleuchteten Buden, ihrem Duft nach Lebkuchen und Glühwein. Sie haben eine lange Tradition und entwickelten sich vor allem an Handelsplätzen. Ursprünglich waren es Erntemärkte, die schon in der Antike gegen Ende des Jahres abgehalten wurden. Zu Handwerkszeug, Kleidung und Hausrat kamen bald Kerzenleuchter, Nussknacker und Spielzeug aus den Waldgebieten von Thüringen bis Tirol hinzu. Daraus entwickelten sich berühmte Weihnachts- und Christkindlmärkte wie in Nürnberg, München, Augsburg und Dresden.

Gleich am 6. Dezember versorgt auch der Heilige Nikolaus die Braven mit einem dicken Vorrat an Leckereien. Sie stecken nach seinem heimlichen Besuch in blank geputzten Schuhen oder aufgehängten Strümpfen. Nikolaus wurde im 4. Jahrhundert in Patara an der Südküste Kleinasiens, der heutigen Türkei, geboren und als Bischof von Myra für seine Mildtätigkeit und Wunder berühmt. In Europa setzte der Nikolauskult erst um die Jahrtausendwende ein, als seine Reliquien nach Italien entführt wurden.

»Sinta Claas«, Sankt Nikolaus, ist übrigens in den Niederlanden die bedeutendste Gestalt der Weihnachtszeit. Hier beschert nicht das Christkind, sondern er am 5. Dezember die Kinder und wird in Umzügen gefeiert. In vielen anderen Ländern hat Nikolaus als Weihnachtsmann erst in der Weihnachtsnacht seinen Einsatz und bringt mit seinem Schlitten die Gaben.

Endlich Weihnachten

Lucia-Braut, die gute Hexe Befana und die Drei Könige – wer wo die Geschenke bringt

Im Mittelpunkt der weihnachtlichen Ereignisse steht in **Schweden** das Lucia-Fest am 13. Dezember, dem Tag der Heiligen Lucia. Es beginnt mit einem reichhaltigen Frühstück, meist ausgerichtet von der als Lucia verkleideten Tochter des Hauses. Sie trägt ein langes weißes Gewand und eine Krone mit brennenden Kerzen. Nicht fehlen dürfen dabei die Hefeteilchen »Lussekatter«, die Luciakatzen. Auf Umzügen, in den Schulen, selbst in Stockholms Nobelhotels tauchen Lucia-Bräute auf mit ihrem Gefolge aus 34 Mädchen und einem Sternenjungen. Tomte, Wichtel und Kobolde schließen den munteren Zug ab.

Norwegen steht im Weihnachtswinter ganz im Zeichen der launischen Waldtrolle und der Nisse, der freundlichen Hauskobolde, die mit Bier und Milchbrei bewirtet werden. Ein zufriedener Jul-Kobold bringt dafür auch Weihnachten seinen Gastgebern Geschenke.

Ähnlich geht es in **Island** zu, wo sich 13 Tage vor Weihnachten die 13 Söhne der Koboldmutter Gryla nacheinander auf den Weg zu den Menschen machen. Mit den 13 Weihnachtsmännern von Island kann sich kein anderes Land messen.

Bevor in **Finnland** der »Joulupukki«, der Weihnachtsmann, kommt, verschwinden erst einmal alle in der Sauna, nach einer Statistik 4,9 Millionen Finnen in etwa 1,5 Millionen Saunen – die Gesamtbevölkerungszahl liegt bei 5 Millionen. Danach wird mit deftigen Gerichten und würzigen »Piparkakut«, Pfefferkuchen, gefeiert.

Niemand soll Weihnachten alleine sein, heißt es in **Italien.** Und vor allem auf dem Land blieben Hirtenspiele, Prozessionen, Krippenausstellungen und Märkte lebendig. Zu den berühmten Weihnachtsspezialitäten gehört der Weihnachtskuchen »Panettone«. Man genießt ihn gerne zu prickelndem Spumante. In Siena werden »Panforte« mit Nüssen und kandierten Früchten sowie »Cantuccini« mit Mandeln bevorzugt. Auf ihre Geschenke müssen die Kinder allerdings noch bis zum 6. Januar warten. An diesem Tag haben zwar auch die Heiligen Drei Könige das Sagen, aber im Mittelpunkt steht die gute Hexe Befana. So wird in Rom die »Festa della Befana« auf der Piazza della Navona gefeiert.

In **Griechenland** kündigt sich das Weihnachtsfest mit großem Getöse an. Kindergruppen mit Trommeln, Triangeln und Glocken gehen von Haus zu Haus und erbetteln Süßigkeiten wie die Mandelplätzchen »Kourabièdes«. Zum 1. Januar, dem Tag des Heiligen Basilius, wird das Basiliusbrot gebacken. Wer die darin versteckte Münze findet, wird der glücklichste Mensch des Jahres.

Temperamentvoll und fröhlich feiert man in **Spanien** vom 25. Dezember bis zum 5. Januar. Höhepunkt ist der Umzug der »Reyes«, der Heiligen Drei Könige, auf prächtig ausgestatteten Festwagen. Sie bringen den Kindern Geschenke, und man genießt das Dreiköngsbrot. Am ausgelassensten geht es in der **Karibik** zu, wo Karnevals- und Musikgruppen zu großen Weihnachtsparaden aufbrechen.

Glögg

schwedischer Klassiker für kalte Nächte
Zubereitung: ca. 15 Min.

Für 4–6 Portionen **500 ml trockenen Rotwein** mit **500 ml halbtrockenem Marsala, 125 ml weißem Wermut** und **1/2 EL Angostura** mischen. **50 g Rosinen,** die **dünn abgezogene Schale von 1 Bio-Orange, 1–2 zerstoßene Kardamomkapseln, 2–3 Gewürznelken** und **1/2 Zimtstange** untermischen. Den Ansatz abgedeckt über Nacht ziehen lassen. Den Glögg erhitzen. **50 g Zucker, 50 g geschälte Mandeln** und **2 cl Aquavit** einrühren. Sofort servieren.

Mexikanischer Weihnachtspunsch

... schmeckt fruchtig und heizt ein
Zubereitung: ca. 20 Min.

Für 4–6 Portionen **1 große reife Quitte, 4 Guaven** und **1 Apfel** waschen und halbieren. Die Kerngehäuse und die Stiele entfernen, das Fruchtfleisch in mittelgroße Stücke schneiden. **1,5 l Wasser** mit **50 g Rosinen, 1 Zimtstange** und **Zucker** nach Geschmack in einem Topf aufkochen. Die Fruchtstücke einrühren und weich kochen lassen. Vom Herd nehmen. **250 ml Rotwein** und **5 cl braunen Rum** unterrühren. Den Punsch nochmals kurz erhitzen. Sofort servieren.

Bahama
Mama

für karibisches Weihnachtsfeeling – macht Feiertagsmüde wieder munter
Zubereitung: ca. 5 Min.

Für 1 Portion **4 cl braunen Rum** und **2 cl Apricot Brandy** (ersatzweise Triple sec) in ein hohes Glas füllen. **2 EL zerstoßenes Eis** zufügen. Umrühren und mit **200 ml frisch gepresstem Orangensaft** (ersatzweise Ananassaft) aufgießen. **1 Bio-Orangenscheibe** an den Glasrand stecken. Sofort servieren.

Apfelpunsch

… wärmt Groß und Klein ganz herrlich
Zubereitung: ca. 8 Min.

Für 4–6 Portionen **1 l naturtrüben Apfelsaft** und **500 ml starken schwarzen Tee** in einem Topf mischen. **1 Bio-Orange** und **1 Bio-Zitrone** heiß abwaschen. Die Schale dünn abschälen, die Früchte auspressen. Zitrusschalen und Saft mit **2 TL hellem Rohrzucker, 1/2–1 Zimtstange** und **2 Gewürznelken** in den Apfeltee rühren. Den Punsch langsam erhitzen, aber nicht kochen lassen. **50 ml Calvados** einrühren und nach Belieben nachsüßen. Den Punsch durch ein Sieb in Gläser oder Becher gießen. Trinken Kinder mit, wird der Punsch natürlich ohne Calvados zubereitet. Wer möchte, gibt dann vor dem Servieren **1 Schuss Calvados** in seinen Punsch.

Süßer Auftakt für die Adventszeit

Jetzt wird nicht nur für Weihnachten gebacken. Auch der Advent kriegt was ab, um gemütliche Stunden zu versüßen.

Für ca. 50 Stück

125 g Butter
250 g Mehl
75 g gemahlene Haselnüsse
150 g brauner Zucker
je 1 TL gemahlener Anis, Ingwer, Koriander und Zimt
1 Prise Salz
2 Eier
100 g Vollmilch-Kuvertüre
30 g Halbbitter-Schokoraspel (ersatzweise Schokostreusel)

Friesische Däumchen

geht leicht | *im Bild links* | *Zubereitung: ca. 1 Std.*
Ruhen: 2 Std. | *Backen: ca. 20 Min.* | *Pro Stück: ca. 75 kcal*

1 Die Butter in kleine Stücke teilen. Mit Mehl, Nüssen, Zucker, Anis, Ingwer, Koriander, Zimt und Salz in einer Schüssel mischen. In die Mitte eine Vertiefung drücken und die Eier hineinschlagen. Alles rasch zu einem glatten Teig verkneten. Den Teig zu einer Kugel formen, in Frischhaltefolie wickeln und 2 Std. kühl stellen.

2 Den Backofen auf 180° vorheizen. Zwei Backbleche mit Backpapier belegen. Den Teig zwischen Frischhaltefolie 8 mm dick ausrollen und in Rechtecke (ca. 2,5 x 5 cm) schneiden. Aufs Blech legen und im Ofen (Mitte, Umluft 160°) in 15–20 Min. hellbraun backen. Mit dem Papier vom Blech ziehen und abkühlen lassen.

3 Die Kuvertüre im Wasserbad schmelzen lassen. Die »Däumchen« mit beiden Enden 5 mm tief eintauchen. Mit Schokoraspeln bestreuen und trocknen lassen.

Basler Leckerli

lange haltbar | *Zubereitung: ca. 45 Min.* | *Ruhen: ca. 6 Std.* | *Backen: ca. 20 Min.* | *Pro Stück: ca. 100 kcal*

Für ca. 50 Stück

350 g Honig | 150 g brauner Zucker | 1 EL Zimt
1 TL gemahlener Ingwer
1/4 TL gemahlener Piment
1 Msp. geriebene Muskatnuss
je 75 g Orangeat und Zitronat
1 Bio-Zitrone
150 g gehackte Mandeln
8 EL Kirschwasser
400 g Mehl (Type 1050)
+ Mehl zum Arbeiten
1 1/2 TL Pottasche

Für die Verzierung:

100 g Puderzucker
3 EL Kirschwasser
(ersatzweise Kirschsaft)

1 Honig und Zucker unter Rühren erhitzen, bis sich der Zucker löst. Zimt, Ingwer, Piment und Muskat einrühren. Etwas abkühlen lassen. Orangeat und Zitronat fein hacken. Zitrone heiß abwaschen, abtrocknen und die Schale dünn abreiben.

2 Die Mandeln, die Fruchtwürfelchen, die Zitrusschale und Kirschwasser nacheinander unter die warme Honigmasse rühren. Das Mehl mit Pottasche mischen. Darübersieben und alles zu einem glatten Teig verkneten.

3 Ein Blech mit Backpapier belegen. Den Teig auf bemehlter Arbeitsfläche ca. 5 mm dick ausrollen. Aufs Blech legen und zugedeckt 5–6 Std. ruhen lassen. Den Backofen auf 220° vorheizen. Die Teigplatte in Rechtecke (ca. 3 x 6 cm) teilen. Im Ofen (Mitte, Umluft 200°) 18–20 Min. backen.

4 Den Puderzucker mit Kirschwasser zu einem Guss verrühren. Die heißen Rechtecke damit bestreichen. Die Leckerli noch warm auseinanderschneiden. Vom Blech heben und auf einem Kuchengitter auskühlen lassen.

Zitronen-Kränze »Taralli«

aus Süditalien | *Zubereitung: ca. 45 Min.* | *Backen: ca. 30 Min.* | *Pro Stück: ca. 145 kcal*

Für ca. 20 Stück

1 Bio-Zitrone
350 g Mehl +
Mehl zum Arbeiten
1 Prise Salz
1 TL Backpulver
1 TL Natron
50 g Zucker
1 Päckchen Vanillezucker
80 g weiche Butter
125 ml Milch | 1 Ei

Für die Verzierung:

1 Bio-Zitrone
200 g Puderzucker
1 EL Milch

1 Zitrone heiß waschen, trocknen, die Schale dünn abreiben, die halbe Frucht auspressen. Mehl, Salz, Backpulver und Natron in eine Schüssel sieben. Eine Vertiefung eindrücken. Zucker, Vanillezucker, Butter, Milch, Ei, Zitronensaft und -schale hineingeben. Alles mit den Knethaken des Handrührgeräts zu einem glatten Teig verkneten.

2 Backofen auf 200° vorheizen. Ein Backblech mit Backpapier belegen. Jeweils 1 EL Teig abnehmen und auf bemehlter Arbeitsfläche zu einem ca. 30 cm langen Strang rollen. Halbieren, die Hälften eng miteinander verdrehen und zu einem Ring formen. Enden zusammendrücken. Die Ringe aufs Blech legen. Im Ofen (Mitte, Umluft 180°) in 25–30 Min. hellbraun backen. Auf dem Blech abkühlen lassen.

3 Zitrone heiß waschen, trocknen, die Schale dünn abreiben, 3 EL Saft auspressen. Puderzucker mit Zitronenschale, Saft und Milch verrühren. Die Taralli mit der Oberseite in den Guss tauchen. Trocknen lassen.

Gefüllte Nikolausstiefel
mit Marzipan

nicht nur für Kinder | *Zubereitung: 2 Std.* | *Ruhen: 12 Std.* | *Backen: ca. 18 Min.* | *Pro Stück: ca. 1020 kcal*

Für ca. 5 Stück

1 Bio-Orange
125 ml Milch
1/2 EL Hirschhornsalz
500 g Mehl (Type 1050)
2 EL Lebkuchengewürz
85 g Zucker
125 g Honig
125 g Zuckerrübensirup
400 g Marzipanrohmasse

Für die Verzierung:

1 Eiweiß | 150 g Puderzucker
bunte Zuckerstreusel (ersatzweise gehackte Mandeln)

Außerdem:

1 Nikolausstiefel-Ausstechform (ca. 15 cm)

1 Orange heiß waschen, trocknen, die Schale dünn abreiben. Milch und Hirschhornsalz verquirlen. Mehl mit Lebkuchengewürz, Zucker, Honig, Sirup, der Orangenschale und der Milch in einer Schüssel mischen. Alles zu einem glatten Teig verkneten. Den Teig zu einer Kugel formen, in Frischhaltefolie wickeln und 12 Std. oder über Nacht kalt stellen.

2 Den Backofen auf 200° vorheizen. Zwei Bleche mit Backpapier belegen. Den Teig zwischen Frischhaltefolie 5 mm dick ausrollen. 10 Stiefel ausstechen. Die Hälfte davon aufs Blech legen. Die Teigränder dünn mit Wasser bestreichen.

3 Das Marzipan zwischen Frischhaltefolie 3 mm dick ausrollen. 5 Streifen in Stiefelgröße ausschneiden und in die Mitte der Stiefel legen. Jeweils mit einem zweiten Teigstiefel bedecken. Die Ränder mit einer Gabel fest zusammendrücken. Die Stiefel im Ofen (Mitte, Umluft 180°) 15–18 Min. backen. Mit dem Papier vom Blech ziehen und abkühlen lassen.

4 Für die Verzierung das Eiweiß mit dem Puderzucker cremig steif schlagen. Die Glasur in einen Gefrierbeutel füllen und eine kleine Ecke abschneiden. In Zickzacklinien auf die Stiefelstulpen spritzen und mit Zuckerstreuseln verzieren.

Clever tauschen

Die Stiefel oder Herzen statt mit Marzipan **mit weichen Trockenfrüchten** füllen. Fein schmecken je 50 g fein gehackte Aprikosen, Pflaumen und Datteln, gemischt mit 50 g fein gehackten Walnusskernen und 50 g flüssiger Edelbitter-Kuvertüre.

Besonders clever!

Für **gefüllte Lebkuchenherzen** die eineinhalbfache Teigmenge zubereiten. Außer den Stiefeln noch 12 Herzen (9–10 cm) ausstechen. Aus dem Marzipan 12 etwas kleinere Herzen ausstechen und als Füllung zwischen je 2 Herzen legen. Wie beschrieben backen und verzieren. Backen **Kinder** mit, halten Sie zum Verzieren der Stulpen noch verschiedene bunte Streuzucker, Schokochips, halbierte Mandeln und gehackte Pistazien bereit.

Zimt-Madeleines

aus Frankreich | *Zubereitung: ca. 40 Min.* | *Ruhen: 30 Min.* | *Backen: ca. 14 Min.* | *Pro Stück: ca. 170 kcal*

Für ca. 25 Stück

80 g Halbbitter-Kuvertüre (50 % Kakao)
150 g Butter + Butter für die Form
5 Eier | 150 g Zucker
1 Päckchen Vanillezucker
3 TL Zimt
3 EL Rum (ersatzweise Rumaroma + 3 EL Wasser)
1 Prise Salz | 180 g Mehl
1 TL Backpulver

Für die Verzierung:

100 g Haselnussglasur (Fertigprodukt)
50 g weiße Schokolade

Außerdem:

Madeleineblech (ersatzweise Muffinblech oder Muschelförmchen)

1 Kuvertüre hacken. Mit der Butter im Wasserbad schmelzen und leicht abkühlen lassen. Eier, Zucker, Vanillezucker, Zimt, Rum und Salz mit dem Handrührgerät ca. 5 Min. dickschaumig aufschlagen. Mehl und Backpulver mischen. Auf den Eischaum sieben und unterheben. Die flüssige Kuvertüre unterziehen. Den Teig 30 Min. kühl stellen.

2 Den Backofen auf 200° vorheizen. Die Backform fetten. Die Mulden je zur Hälfte mit Teig füllen. Im Ofen (Mitte, Umluft 180°) 12–14 Min. backen. Die Madeleines leicht abgekühlt auf ein Kuchengitter stürzen. Fortfahren, bis der gesamte Teig aufgebraucht ist.

3 Für die Verzierung die Haselnussglasur nach Packungsangabe erwärmen. Die Schokolade grob raspeln. Auf jedes Madeleine einen dicken Tupfen Glasur setzen und einige Schokoraspel daraufstreuen. Trocknen lassen.

Madeleines mit Kokos

Für ca. 25 Stück | **100 g Butter** schmelzen und abkühlen lassen. **2 Eier** mit **100 g Zucker** und **1 Prise Salz** dickschaumig schlagen. **100 g Mehl** mit **1 TL Backpulver,** Butter und **100 g Kokosflocken** unterrühren. 30 Min. kühl stellen. Die Mulden zu drei Vierteln mit Teig füllen. Wie beschrieben backen. **20 g Zucker** mit **1/2 TL Zimt** mischen, auf das Gebäck streuen.

Madeleines mit Zitrus

Für ca. 25 Stück | **100 g Butter** schmelzen und abkühlen lassen. **2 Eier** mit **100 g Zucker** und **1 Prise Salz** dickschaumig schlagen. **200 g Mehl, 1 TL Backpulver,** Butter, **abgeriebene Schale von 1 Bio-Orange und -Zitrone** und **2–3 EL Orangensaft** unterrühren. Wie beschrieben fortfahren. Mit **Puderzucker** bestreuen.

Holländische Hausfreunde

gelingt leicht | *Zubereitung: ca. 1 Std.* | *Ruhen: 2 Std.*
Backen: ca. 15 Min. | *Pro Stück: ca. 70 kcal*

Für ca. 40 Stück

1 Bio-Zitrone | 150 g weiche Butter
125 g Zucker | 1 Päckchen Bourbon-Vanillezucker | 1 Ei | 1 Prise Salz
275 g Mehl + Mehl zum Arbeiten
1/4 TL Backpulver | 40 geschälte Mandeln
1 Eigelb zum Bestreichen

1 Zitrone heiß waschen, trocknen, die Schale dünn abreiben. Butter mit Zucker und Vanillezucker schaumig schlagen. Ei, Salz und Zitronenschale einrühren. Mehl mit Backpulver mischen. Portionsweise auf den Teig sieben und zuerst unterrühren, dann unterkneten. Den Teig zu einer Kugel formen, in Frischhaltefolie wickeln und 2 Std. kühl stellen.

2 Backofen auf 180° vorheizen. Zwei Backbleche mit Backpapier belegen. Den Teig vierteln und auf bemehlter Arbeitsfläche ca. 5 mm dick ausrollen. In Quadrate (ca. 5 x 5 cm) schneiden und mit 2 cm Abstand aufs Blech legen.

3 Mandeln längs halbieren. Je 2 Hälften kreuzförmig in jedes Quadrat drücken. Das Eigelb mit 1 1/2 EL Wasser verquirlen und die Plätzchen damit bestreichen. Im Ofen (Mitte, Umluft 160°) in 10–15 Min. goldgelb backen. Mit dem Papier vom Blech ziehen und abkühlen lassen.

Pfeffernüsse

gelingt leicht | *Zubereitung: ca. 1 Std.* | *Ruhen: 12 Std.*
Backen: ca. 25 Min. | *Pro Stück: ca. 75 kcal*

Für ca. 60 Stück

100 g Orangeat | 1 Bio-Orange
2 EL Kirschwasser | 1 TL Hirschhornsalz
4 Eier | 500 g brauner Rohrzucker
3/4 TL frisch gemahlener schwarzer Pfeffer
je 1/4 TL gemahlener Ingwer, Kardamom, Muskatnuss und Piment
500 g Vollkornmehl + Mehl zum Arbeiten

Für die Verzierung:

100 g Puderzucker | 2 EL Kirschwasser (ersatzweise Kirschsaft) | 1 EL Zitronensaft

1 Orangeat sehr fein hacken. Orange heiß waschen, trocknen, die Schale dünn abreiben. Kirschwasser und Hirschhornsalz verquirlen.

2 Eier mit Zucker dickschaumig aufschlagen. Die Gewürze sowie Orangeat, Orangenschale und Kirschwasser unterrühren. Das Mehl darüber sieben. Alles zu einem glatten Teig verkneten. Zu einer Kugel formen und in Frischhaltefolie 12 Std. kühl stellen.

3 Den Backofen auf 180° vorheizen. Zwei Backbleche mit Backpapier belegen. Aus dem Teig Kugeln (3 cm Ø) formen. Mit 1,5 cm Abstand aufs Blech setzen. Im Ofen (Mitte, Umluft 160°) 20–25 Min. backen.

4 Puderzucker mit Kirschwasser und Zitronensaft verrühren. Die heißen Pfeffernüsse damit überziehen.

oben: Holländische Hausfreunde | unten: Pfeffernüsse

Luciakatzen »Lussekatter«

die Klassiker aus Schweden | *Zubereitung: ca. 1 Std. 30 Min.* | *Ruhen: ca. 1 Std. 30 Min.*
Backen: ca. 15 Min. | *Pro Stück: ca. 215 kcal*

Für ca. 30 Stück

200 g Butter | 500 ml + 1 EL Milch | 1 Würfel Hefe (42 g)
1 Ei | 1/2 TL Safranfäden (ersatzweise 1 gute Msp. gemahlener Safran)
200 g Zucker | 1 Päckchen Vanillezucker | 1/2 TL Salz
1 kg Mehl | 50 g gehackte Mandeln | 1 Eigelb
Rosinen zum Verzieren

Finnische Variante

Auch in **Finnland** gehört dieses Gebäck zum Weihnachtsfest. Hier wird es zu Kränzen oder Schnecken geformt und mit Rosinen verziert.

1 Butter schmelzen und abkühlen lassen. 500 ml Milch leicht erwärmen. In eine Schüssel gießen. Hefe darin auflösen. Das Ei und die Butter unterschlagen. Die Safranfäden mit etwas Zucker zerreiben, mit dem restlichen Zucker mischen. Mit Vanillezucker und Salz in die Hefemilch rühren.

2 Mehl auf den Hefeansatz sieben, unterrühren. Mandeln unterheben. Den Teig schlagen, bis er glatt und geschmeidig ist. Zugedeckt an einem warmen Ort ca. 1 Std. gehen lassen.

3 Zwei Backbleche mit Backpapier belegen. Den Teig nochmals gut durchkneten und in 30 Stücke teilen. Aus jedem Stück eine 16–20 cm lange Rolle formen. Die beiden Enden zur Mitte hin zu Kringeln aufrollen. Die Luciakatzen aufs Blech legen und nochmals 20–30 Min. gehen lassen.

4 Backofen auf 250° vorheizen. Eigelb mit 1 EL Milch verquirlen. Die Kringel damit bepinseln, je 1 Rosine in die Mitte drücken. Im Ofen (Mitte, Umluft 230°) 12–15 Min. backen.

Santa-Claus-Mandelbrötchen

aus Holland | *Zubereitung: ca. 1 Std.* | *Ruhen: 12 Std.* | *Backen: ca. 20 Min.* | *Pro Brötchen: ca. 545 kcal*

Für 10 Stück

1 Bio-Orange | 1 Bio-Zitrone
400 geschälte gemahlene Mandeln | 300 g feiner Zucker
2 EL Rosenwasser | Mehl zum Arbeiten | 1 Paket Tiefkühl-Blätterteig (450 g, 10 Scheiben)
1 Ei | 1 EL Milch
2 EL Zucker zum Bestreuen

Clever servieren

Die Brötchen schmecken frisch zu einem Tässchen Kaffee, Tee oder Schokolade am besten. Bleiben welche übrig, höchstens 1 Tag aufheben. Vor dem Servieren schnell nochmal **im heißen Backofen** bei 150° ca. 15 Min. **aufbacken.**

1 Orange und Zitrone heiß waschen, trocknen, die Schale dünn abreiben. Mandeln und Zucker mischen. Mit den Zitrusschalen und Rosenwasser zu einem glatten Teig verkneten. Den Mandelteig zu einer Kugel formen, in Frischhaltefolie wickeln und 12 Std. oder über Nacht kühl stellen.

2 Arbeitsfläche mit Mehl bestäuben. Die Teigblätter nebeneinander legen und auftauen lassen. Backofen auf 200° vorheizen. Zwei Bleche mit Backpapier belegen. Das Ei trennen.

3 Jedes Teigblatt zu einem Rechteck (ca. 14 x 18 cm) ausrollen. Je 3 TL Mandelteig als Streifen auf eine Teighälfte setzen. Rand mit Eiweiß bepinseln, die zweite Hälfte darüberklappen. Ränder zusammendrücken. Die Brötchen aufs Blech legen. Die Oberseite mit einer Gabel mehrmals einstechen.

4 Das Eigelb mit Milch verquirlen. Die Brötchen damit bestreichen und mit Zucker bestreuen. Im Ofen (Mitte, Umluft 180°) in 15–20 Min. goldgelb backen. Mit dem Papier vom Blech ziehen und abkühlen lassen.

Polentakuchen mit Äpfeln und Nüssen

aus Italien | *Zubereitung: ca. 45 Min.*
Backen: 1 Std. | *Pro Stück: ca. 295 kcal*

Für 1 Springform von 26 cm Ø (12 Stück)

1 Bio-Zitrone | 300 g säuerliche Äpfel
2 EL Rosinen | 2 EL Anislikör (z. B. Sambuca)
30 g Pinienkerne | 30 g Walnusskerne
200 g weiche Butter + Butter für die Form
125 g Zucker | 2 Eier
200 g Polenta-Maismehl + Maismehl für die Form
1 knapper TL Backpulver
Zucker zum Bestreuen | 4–5 ausgelöste Granatapfelkerne (nach Belieben)

1 Zitrone heiß abwaschen, abtrocknen. Schale dünn abreiben, die halbe Frucht auspressen. Äpfel schälen und ohne Kerngehäuse in Stücke schneiden. Im Zitronensaft wenden. Rosinen mit Anislikör übergießen. Pinienkerne und Walnüsse grob hacken.

2 Backofen auf 180° vorheizen. Die Backform fetten und mit Maismehl bestäuben. Die Butter mit Zucker schaumig schlagen. Die Eier einzeln einrühren. Maismehl und Backpulver mischen. Auf die Eiercreme sieben und unterrühren. Die Äpfel, die Rosinen mit Likör, die gehackten Nüsse und die Zitronenschale unterheben.

3 Den Teig in die Form füllen. Im Ofen (Mitte, Umluft 160°) 1 Std. backen. Den Kuchen ausgekühlt aus der Form lösen. Mit Zucker und Granatapfelkernen bestreuen.

Süße Piroggen

aus Russland | *Zubereitung: ca. 50 Min.* | *Ruhen: ca. 40 Min.* | *Backen: ca. 22 Min.* | *Pro Stück: ca. 150 kcal*

Für ca. 30 Stück

500 g Mehl + Mehl zum Ausrollen
1 Würfel Hefe (42 g) | 250 ml lauwarme Milch
50 g weiche Butter | 1 Ei | 1 EL Zucker
1 Msp. Salz | 200 g Haselnusskerne
3 Eiweiße | 1 Prise Salz | 80 g flüssiger Honig
75 g Korinthen | 75 g Puderzucker | 1 EL Rum

1 Mehl in eine Schüssel sieben, eine Vertiefung eindrücken. Hefe in der Milch auflösen. In die Vertiefung gießen. Mit Butter, Ei, Zucker und Salz zu einem geschmeidigen Teig verkneten. Zugedeckt an einem warmen Ort 30–40 Min. gehen lassen.

2 Nüsse ohne Fett unter Rühren rösten, bis sie duften. Auf ein Küchentuch schütten und die Häutchen abreiben. Die Nüsse hacken. 2 Eiweiße mit Salz steif schlagen, dabei den Honig zugießen. Die Nüsse und Korinthen unterziehen. Den Teig durchkneten und in 4 Portionen teilen.

3 Backofen auf 180° vorheizen. Zwei Backbleche mit Backpapier belegen. Teigportionen dünn ausrollen und Kreise (12 cm Ø) ausstechen. Je 1 TL Füllung in die Mitte setzen. Ränder mit Eiweiß bepinseln. Die Kreise zu Halbmonden zuklappen. Ränder mit einer Gabel andrücken. Aufs Blech legen und im Ofen (Mitte, Umluft 160°) 20–22 Min. backen. Puderzucker mit Rum verrühren und die heißen Piroggen damit überziehen.

oben rechts: Polentakuchen | unten links: Süße Piroggen

Braune Kuchen

aus Dänemark | *Zubereitung: ca. 40 Min.* | *Ruhen: 2 Std.* | *Backen: ca. 10 Min.* | *Pro Stück: ca. 55 kcal*

Für ca. 100 Stück

250 g Butter | 200 g Zucker | 125 g Ahornsirup | 75 g Zitronat | 75 g geschälte gehackte Mandeln | 1/2 TL gemahlener Ingwer 1/2 TL gemahlene Nelken | 2 TL Zimt 1 TL Pottasche | 500 g Mehl (Type 1050)

1 Butter mit Zucker und Sirup langsam unter Rühren aufkochen. Vom Herd nehmen. Das Zitronat fein hacken. Mit Mandeln, Ingwer, Nelken und Zimt in den Sirup rühren. Pottasche in 2 EL heißem Wasser auflösen, ebenfalls unterrühren. Die Masse in eine Schüssel füllen und abkühlen lassen.

2 Das Mehl in Portionen über die Sirupmasse sieben und unterkneten. Den Teig zu 2 Rollen (5 cm Ø) formen. In Frischhaltefolie wickeln und 2 Std. kühl stellen. Dabei mehrmals rund rollen.

3 Den Backofen auf 200° vorheizen. Zwei Backbleche mit Backpapier belegen. Die Teigrollen in 5 mm dicke Scheiben schneiden und mit 1 cm Abstand aufs Blech legen. Im Ofen (Mitte, Umluft 180°) 8–10 Min. backen. Vorsichtig vom Blech heben und auf einem Kuchengitter auskühlen lassen.

Clever aufbewahren

Die Plätzchen in eine Blechdose schichten und vor dem Servieren **1 Woche ruhen lassen.** So entfalten sie ihr volles Aroma.

Sauerrahmbrezeln

unkompliziert | *Zubereitung: ca. 45 Min.* | *Ruhen: 2 Std.* | *Backen: ca. 20 Min.* | *Pro Brezel: ca. 70 kcal*

Für ca. 30 Stück

3 hart gekochte Eigelbe | 100 g weiche Butter 100 g Zucker | abgeriebene Schale von 1/2 Bio-Zitrone | 100 g saure Sahne 180 g Mehl + Mehl zum Arbeiten | 1 Eigelb 1 EL Milch | Hagelzucker zum Bestreuen

1 Die Eigelbe durch ein Sieb in eine Schüssel streichen. Mit 2 EL Butter verrühren. Die restliche Butter schaumig schlagen. Zucker und Zitronenschale gut unterrühren.

2 Die Eigelb-Butter-Mischung und die saure Sahne unterziehen. 50 g Mehl darübersieben und unterrühren. Das restliche Mehl auf den Teig sieben und behutsam unterheben. Den Teig zu 4 Rollen formen, in Frischhaltefolie wickeln und 2 Std. kühl stellen.

3 Backofen auf 200° vorheizen. Ein Blech mit Backpapier belegen. Jede Teigrolle auf bemehlter Arbeitsfläche vierteln und zu ca. 45 cm langen Strängen rollen. Diese halbieren und zu Brezeln schlingen. Aufs Blech legen.

4 Eigelb mit Milch verquirlen. Die Brezeln damit bestreichen, mit Hagelzucker bestreuen. Im Ofen (Mitte, Umluft 180°) in 15–20 Min. goldgelb backen.

Fein-nussig

Die Brezeln statt mit Hagelzucker mit **gehackten Mandeln** bestreuen.

oben: Braune Kuchen | unten: Sauerrahmbrezeln

Tiroler Birnenbrot

lange haltbar | *Zubereitung: ca. 1 Std.* | *Ruhen: 13 Std.* | *Backen: ca. 50 Min.* | *Pro Scheibe: ca. 235 kcal*

Für 3 Brote (je 500 g, 20 Scheiben)

Für die Füllung:

250 g getrocknete Birnen
125 g getrocknete Feigen
50 g Orangeat | 50 g Rosinen
100 g Haselnusskerne
1 TL Zimt
1/2 TL gemahlene Nelken
1 EL abgeriebene Bio-Orangenschale
2 EL Rum | 110 g Honig

Für den Teig:

500 g Mehl (Type 1050) + Mehl zum Arbeiten
1 Würfel Hefe (42 g)
200 ml lauwarme Milch
1 EL Zucker | 1 Ei
60 g weiche Butter
1 Prise Salz
1 Eigelb zum Bestreichen
1 EL Milch zum Bestreichen

1 Die Birnen in 250 ml Wasser in 10 Min. weich kochen. In ein Sieb gießen und abtropfen lassen. Mit Feigen und Orangeat klein würfeln. Die Fruchtwürfel mit Rosinen und Nüssen mischen. Zimt, Nelken, Orangenschale, Rum und Honig unterrühren. Die Fruchtmischung zugedeckt 12 Std. oder über Nacht bei Zimmertemperatur ruhen lassen.

2 Das Mehl in eine Schüssel sieben und in die Mitte eine Vertiefung drücken. Hefe zerbröseln und in der Milch auflösen. In die Vertiefung gießen. Mit Zucker, Ei, Butter und Salz zu einem glatten Teig verkneten. Zugedeckt 30 Min. gehen lassen. Ein Backblech mit Backpapier belegen.

3 Den Teig nochmals durchkneten und halbieren. Eine Hälfte mit der Fruchtmischung verkneten. Daraus 3 kleine ovale Brote formen. Die zweite Teighälfte auf der bemehlten Arbeitsfläche dünn ausrollen und in 3 Portionen teilen. Jede Portion noch etwas ausrollen, 1 Fruchtbrot darauflegen und locker einwickeln. Die Brote mit der Nahtstelle nach unten aufs Blech setzen und nochmals 30 Min. gehen lassen.

4 Den Backofen auf 180° vorheizen. Die Oberfläche der Brote mit einer Gabel mehrmals einstechen. Eigelb mit Milch verquirlen und die Brote damit bepinseln. Im Ofen (Mitte, Umluft 160°) in 40–50 Min. goldbraun backen. Auf einem Kuchengitter abkühlen lassen. In Alufolie wickeln und vor dem Servieren mindestens 2 Tage durchziehen lassen.

Kleine Brote backen

Teig und Füllung in **6 Portionen** teilen und kleine Brote formen. Wie beschrieben 35–45 Min. backen. Stäbchenprobe machen!

Clever tauschen

Auch köstlich: Statt der Birnen **getrocknete Apfelschnitze** und statt Rum **Apfelschnaps** oder **Calvados** verwenden. Die Apfelbrote wie beschrieben zubereiten und backen.

Kleine Elisenlebkuchen

fränkischer Klassiker *| Zubereitung: ca. 1 Std. | Ruhen: 12 Std. | Backen: ca. 20 Min. | Pro Stück: ca. 95 kcal*

Für ca. 50 Stück

je 50 g Orangeat und Zitronat | 5 Eier
200 g Zucker | 350 g gemahlene Mandeln
100 g Mehl | 2 TL Zimt | 1/4 TL gemahlener Kardamom | je 1 Msp. gemahlener Ingwer, Nelken und Piment | 50 Oblaten (50 mm Ø)

Für die Verzierung:

50 geschälte Mandeln | 30 g Zitronat
100 g Zucker | 1 EL Zitronensaft

1 Orangeat und Zitronat fein hacken. Eier mit Zucker in einer Schüssel über dem warmen Wasserbad schaumig schlagen. Herausnehmen und unter Rühren abkühlen lassen. Die Fruchtwürfelchen mit Mandeln, Mehl, Zimt, Kardamom, Ingwer, Nelken und Piment mischen. Unter den Eischaum heben.

2 Je 1 gehäuften TL Teig auf die Oblaten setzen und mit einem angefeuchteten Messer zum Rand hin verstreichen.

3 Für die Verzierung Mandeln längs halbieren. Zitronat in hauchdünne Streifen schneiden. Jeden Lebkuchen mit 2 Mandelhälften und einigen Zitronatstreifchen belegen. Die Lebkuchen auf zwei Bleche setzen und 12 Std. oder über Nacht trocknen lassen.

4 Backofen auf 180° vorheizen. Die Lebkuchen im Ofen (Mitte, Umluft 160°) 15–20 Min. backen. Zucker mit Zitronensaft und 2 EL Wasser aufkochen. Die heißen Lebkuchen damit überziehen und auf dem Kuchengitter trocknen lassen. In Dosen lagern.

Elisen mit Pecannüssen und Feigen

Für ca. 50 Stück | **5 Eier** mit **200 g Zucker** über dem Wasserbad dickschaumig schlagen. **150 g Mehl, 250 g fein gehackte Pecannüsse, 150 g fein gewürfelte Feigen, 50 g gewürfeltes Orangeat, abgeriebene Schale von 1 Bio-Orange** und je **1 Msp. gemahlenen schwarzen Pfeffer** und **Muskat** mischen. Unter den Eischaum ziehen. Je 1 TL Teig auf **50 Oblaten** (50 mm Ø) streichen. 12 Std. trocknen lassen und wie beschrieben backen. **150 g Puderzucker** mit **2 EL Orangensaft** verrühren. Die heißen Lebkuchen damit überziehen und mit **Pecannusshälften** und **Orangeatwürfelchen** verzieren.

Große Elisen

Für ca. 25 Stück | **5 Eier** mit **200 g Zucker** über dem Wasserbad dickschaumig schlagen. **150 g Mehl, 250 g geschälte gemahlene Haselnüsse, 150 g Mehl, 150 g gewürfelte Trockenaprikosen, 100 g gewürfelte Datteln, abgeriebene Schale von 1 Bio-Zitrone, 1 TL Zimt,** je **1 Prise Koriander** und **Piment** mischen. Unter den Eischaum ziehen. Den Teig auf ca. **25 Oblaten** (80 mm Ø) streichen und 12 Std. trocknen lassen. Bei 180° (Mitte, Umluft 160°) 20–22 Min. backen. Mit **dunkler Kuvertüre** überziehen und mit **gehackten Haselnüssen** bestreuen.

Feigenrauten

aromareich | *Zubereitung: 45 Min.* | *Backen: ca. 40 Min.* | *Pro Stück: ca. 110 kcal*

Für ca. 50 Stück

400 g getrocknete Feigen
200 g Walnusskerne
100 g weiche Butter
+ Butter für die Form
120 g Honig
3 Eier | 1 Prise Salz
1/2 TL gemahlener Piment
1 TL Zimt
200 g Vollkornmehl
+ Mehl für die Form
1 leicht geh. TL Backpulver
3 EL Rum

Für die Verzierung:

200 g Edelbitter-Kuvertüre
(70 % Kakao) | 1/4 TL Zimt
1/4 TL gemahlener Koriander

1 Die Feigen entstielen. 300 g Feigen fein würfeln. Die restlichen Früchte für die Verzierung in feine Streifen schneiden. Die Walnüsse grob hacken. Den Backofen auf 180° vorheizen. Eine flache Backform (ca. 30 x 30 cm) fetten und dünn mit Mehl bestreuen.

2 Die Butter mit dem Honig schaumig schlagen. Die Eier einzeln mit Salz, Piment und Zimt unterrühren. Mehl und Backpulver mischen. Portionsweise unter die Eiercreme ziehen. Die Feigenwürfel, die Nüsse und den Rum unterheben.

3 Den Teig in die Form füllen und glatt streichen. Im Backofen (Mitte, Umluft 160°) 30–40 Min. backen. Leicht abgekühlt auf ein Kuchengitter stürzen und vollständig auskühlen lassen. Den Kuchen zuerst in 4 cm breite Streifen, dann in Rauten schneiden.

4 Für die Verzierung die Kuvertüre im Wasserbad schmelzen lassen. Zimt und Koriander unterrühren. Die Feigenrauten damit überziehen und mit den Feigenstreifen belegen.

Erdnuss-Haferflocken-Plätzchen

vollwertig | *Zubereitung: ca. 40 Min.* | *Backen: ca. 12 Min.* | *Pro Stück: ca. 80 kcal*

Für ca. 50 Stück

200 g Butter | 200 g kernige Haferflocken | 2 Eier
150 g brauner Rohrzucker
1 Päckchen Vanillezucker
1 Prise Salz
1 TL gemahlener Koriander
50 g Vollkornmehl
150 g ungesalzene Erdnusskerne

Für Schokofans

Mit dem Mehl **1 EL Kakao** unter den Teig ziehen. Wer's noch schokoladiger mag, setzt einen dicken Klecks flüssige **Kuvertüre** auf die gebackenen Plätzchen.

1 Die Butter in der Pfanne erhitzen, bis sie schäumt. Haferflocken einrühren und leicht anrösten. Abkühlen lassen. Die Eier mit Zucker, Vanillezucker, Salz und Koriander dickschaumig aufschlagen. Das Mehl auf den Eischaum sieben und unterheben. Die gerösteten Flocken und die Nüsse unter den Teig ziehen.

2 Den Backofen auf 200° vorheizen. Zwei Backbleche mit Backpapier belegen. Vom Teig mit zwei Teelöffeln walnussgroße Häufchen abnehmen und mit 5 cm Abstand aufs Blech setzen. Die Löffel dabei immer wieder in kaltes Wasser tauchen.

3 Die Plätzchen im Ofen (Mitte, Umluft 180°) 10–12 Min. backen, bis sich die Ränder hellbraun färben. Leicht abgekühlt mit einer Palette vorsichtig lösen und auf einem Kuchengitter auskühlen lassen. In eine Blechdose geschichtet, sind die Plätzchen 2–3 Wochen haltbar.

Weihnachtsplätzchen aus ganz Europa

Jetzt duftet es köstlich aus allen Küchen, vom kalten Norden bis in den warmen Süden, unverwechselbar nach Weihnachten.

Mallorquinische Mandelplätzchen

Für ca. 35 Stück

1 Bio-Zitrone
400 g geschälte gemahlene Mandeln
250 g Zucker
20 g Mehl
5 Eigelbe
1 Prise Salz
1 TL Zimt
40 g Pinienkerne

im Nu fertig | *im Bild links*
Zubereitung: ca. 30 Min. | *Backen: ca. 20 Min.* | *Pro Stück: ca. 115 kcal*

1 Den Backofen auf 180° vorheizen. Ein Backblech mit Backpapier belegen. Die Zitrone heiß abwaschen, abtrocknen und die Schale dünn abreiben. Die Mandeln mit Zucker, Mehl, Eigelben, Salz, Zimt und der Zitronenschale zu einem glatten Teig verkneten.

2 Mit einem Teelöffel vom Teig walnussgroße Portionen abnehmen und mit angefeuchteten Händen zu Kugeln formen. Auf jede Kugel 3 Pinienkerne drücken.

3 Die Kugeln aufs Blech setzen. Im Ofen (Mitte, Umluft 160°) in 15–20 Min. goldbraun backen. Mit dem Papier vom Blech ziehen und abkühlen lassen.

Hafer-Ingwer-Cookies

vollwertig knuspern | *Zubereitung: ca. 1 Std. 15 Min.*
Ruhen: 30 Min. | *Backen: ca. 20 Min.*
Pro Stück: ca. 55 kcal

Für ca. 60 Stück

1 Bio-Orange | 250 g zarte Haferflocken
250 g Mehl (Type 1050) + Mehl zum Arbeiten
2 TL Backpulver | 3 TL gemahlener Ingwer
100 g heller Rohrzucker | 1 gute Prise Salz
60 g weiche Butter | 60 g weißes Schweineschmalz ohne Grieben | 100 g Ahornsirup
ca. 125 ml Milch | Grümmel (zerstoßener Kandiszucker) zum Bestreuen

1 Orange heiß waschen, trocknen, die Schale dünn abreiben. Haferflocken im Blitzhacker zerkleinern. Mit Mehl, Backpulver, Ingwer, Zucker, Salz und der Orangenschale mischen. Butter und Schmalz in Stücken darauf verteilen. Alles mit den Knethaken des Handrührgeräts verkneten. Dabei den Sirup und so viel Milch zugießen, bis ein fester Teig entsteht. Diesen zur Kugel formen, in Folie wickeln, 30 Min. kühl stellen.

2 Backofen auf 180° vorheizen. Zwei Backbleche mit Backpapier belegen. Den Teig auf bemehlter Arbeitsfläche zu 2 Rollen (3 cm Ø) formen. Jede in 30 Scheiben schneiden. Mit 1 cm Abstand aufs Blech legen und mit Grümmel bestreuen.

3 Die Cookies im Ofen (Mitte, Umluft 160°) 15–20 Min. backen. Auskühlen lassen. In einer Blechdose mehrere Wochen haltbar.

Shortbread-Fingers

ratzfatz gemacht | *Zubereitung: ca. 30 Min.*
Ruhen: 1 Std. 15 Min. | *Backen: ca. 30 Min.*
Pro Stück: ca. 65 kcal

Für ca. 35 Stück

150 g kalte Butter | 50 g Marzipanrohmasse
50 g Zucker | 1 Prise Salz | 200 g Mehl + Mehl zum Arbeiten | Zucker zum Bestreuen

1 Die Butter in kleine Stücke teilen. Das Marzipan mit einer Gabel fein zerdrücken. Beides in einer Schüssel mit Zucker und Salz verkneten. Das Mehl in 2 Portionen darübersieben und unterkneten. Den Teig zu einer Kugel formen, in Frischhaltefolie wickeln und 1 Std. kühl stellen.

2 Ein Blech mit Backpapier belegen. Den Teig halbieren. Jede Hälfte auf bemehlter Arbeitsfläche 1,5 cm dick ausrollen und in Rechtecke (ca. 2 x 6 cm) schneiden. Aufs Blech legen und mit einer Gabel ein Muster einstechen. 15 Min. kühl stellen.

3 Backofen auf 160° vorheizen. Die Fingers im Ofen (Mitte, Umluft 140°) ca. 30 Min. backen. Sofort dünn mit Zucker bestreuen. Mit dem Papier vom Blech ziehen und abkühlen lassen. In eine Blechdose schichten und kühl aufbewahren. So halten sich die Kekse 2–3 Wochen.

Luxus-Variante

Die Plätzchen nach dem Backen auf der Rückseite mit flüssiger **Orangen-Schokolade** bestreichen.

links: Hafer-Ingwer-Cookies | rechts: Shortbread-Fingers

1

2

3

Finnische Pfefferkuchen-Figuren

Backspaß für Kinder | *Zubereitung: ca. 45 Min.* | *Ruhen: 12 Std.* | *Backen: 10 Min.* | *Pro Stück: ca. 85 kcal*

Für ca. 50 Stück

125 g Zuckerrübensirup
je 1 TL gemahlener Ingwer, Nelken und Zimt | 150 g Butter
2 Eier | 150 g brauner Rohrzucker | 2 EL abgeriebene Bio-Orangenschale | 250 g Vollkornmehl | 250 g Mehl (Type 1050) + Mehl zum Arbeiten | 1 1/2 TL Sodapulver (aus der Apotheke)

Für die Verzierung:

150 g Puderzucker
2–3 TL Zitronensaft
kandierte Früchte, Nüsse und Kerne

Außerdem:

Ausstechförmchen in verschiedenen Größen (Tannenbaum, Elch, Bär, Sterne, Nikolaus)

1 Sirup mit Ingwer, Nelken und Zimt aufkochen. Butter darin schmelzen lassen. Vom Herd nehmen und unter Rühren abkühlen lassen. Eier mit Zucker dickschaumig aufschlagen, bis sich der Zucker löst. Die Orangenschale einrühren.

2 Die Mehlsorten mischen. Halbieren und das Sodapulver unter eine Hälfte mischen. Das Sodamehl in die Sirupmasse rühren. Den Eischaum und das restliche Mehl zuerst unterrühren, dann unterkneten. Bei Bedarf noch 2–3 EL Wasser unterkneten. Den Teig zu einer Kugel formen, in Frischhaltefolie wickeln und 12 Std. oder über Nacht kühl stellen.

3 Ofen auf 200° vorheizen. Zwei Backbleche mit Backpapier belegen. Teig in 2 Portionen auf bemehlter Arbeitsfläche dünn ausrollen und die Plätzchen ausstechen. Die Förmchen vor dem Ausstechen ins Mehl drücken (**Bild 1**).

4 Die Plätzchen mit 1,5 cm Abstand aufs Blech legen (**Bild 2**). In jedes Plätzchen oben mit einem Holzstäbchen ein kleines Loch stechen. Im Ofen (Mitte, Umluft 180°) in ca. 10 Min. zartbraun backen. Mit dem Papier vom Blech ziehen und kurz abkühlen lassen. Die markierten Löcher nochmals durchstechen (**Bild 3**).

5 Für die Verzierung Puderzucker mit Zitronensaft verrühren. Die Plätzchen damit überziehen oder feine Linien aufspritzen. Mit Fruchtstückchen, Nüssen und Kernen verzieren. Trocknen lassen. In Blechdosen aufbewahren.

Cleverer Baumschmuck

Nach dem Backen einen Faden oder ein **buntes Band** durch die Löcher ziehen und die Plätzchen an den Adventskranz oder Weihnachtsbaum hängen.

Kunterbunt

Mit **bunten Glasuren** verzieren macht Spaß. Lebensmittelfarben gibt's im Backregal, unbedenkliche im Bioladen. Oder Sie tönen den Zuckerguss ganz natürlich mit Pflanzensäften (s. S. 11).

Englische Ingwerherzen

edel | *Zubereitung: ca. 1 Std.* | *Ruhen: 1 Std.* | *Backen: ca. 10 Min.* | *Pro Stück: ca. 50 kcal*

Für ca. 60 Stück

100 g weiche Butter
150 g brauner Zucker | 1 Ei
1 Prise Salz | 3 TL gemahlener Ingwer (möglichst frisch gemahlen) | 1 TL abgeriebene Bio-Zitronenschale | 300 g Vollkornmehl | 1 TL Backpulver
2–3 EL Milch

Für die Verzierung:

100 g Halbbitter-Kuvertüre (50 % Kakao)
50 g kandierter Ingwer

Außerdem:

Herz-Ausstechförmchen in verschiedenen Größen

1 Die Butter mit Zucker und Ei schaumig schlagen. Salz, Ingwer und Zitronenschale einrühren. Mehl und Backpulver mischen und auf die Eiercreme sieben. Zuerst unterrühren, dann unterkneten. Bei Bedarf etwas Milch zugeben. Den Teig zu einer Kugel formen, in Frischhaltefolie wickeln und 1 Std. kühl stellen.

2 Den Backofen auf 200° vorheizen. Zwei Backbleche mit Backpapier belegen. Den Teig halbieren. Jede Hälfte zwischen Frischhaltefolie 3 mm dick ausrollen und Herzen ausstechen. Die Herzen mit 1 cm Abstand aufs Blech legen. Im Ofen (Mitte, Umluft 180°) in 8–10 Min. zartbraun backen. Mit dem Papier vom Blech ziehen und abkühlen lassen.

3 Für die Verzierung die Kuvertüre grob hacken und im Wasserbad schmelzen lassen. Den Ingwer in feine Streifchen schneiden. Die Herzen mit der Kuvertüre überziehen und mit Ingwerstreifchen belegen. Trocknen lassen.

Schwarz-weiße Sternparade

Klassiker | *Zubereitung: ca. 1 Std.* | *Ruhen: 1 Std.* | *Backen: ca. 15 Min.* | *Pro Stück: ca. 90 kcal*

Für ca. 25 Stück

125 g weiche Butter
75 g Puderzucker
1 Päckchen Vanillezucker
2–3 Tropfen Zitronenaroma
1 Prise Salz
2 Eigelbe | 225 g Mehl
2 EL Kakao | 1 EL Milch

Außerdem:

Stern-Ausstechförmchen in verschiedenen Größen
Halbmond-Ausstechförmchen

1 Die Butter mit Puderzucker, Vanillezucker, Zitronenaroma, Salz und Eigelben schaumig schlagen. Das Mehl in Portionen darübersieben und alles zu einem glatten Teig verkneten. Den Teig halbieren. Eine Hälfte mit Kakao und Milch verkneten. Die Teige zu Kugeln formen, in Frischhaltefolie wickeln und 1 Std. kühl stellen.

2 Backofen auf 180° vorheizen. Ein Backblech mit Backpapier belegen. Beide Teige getrennt zwischen Frischhaltefolie 3 mm dick ausrollen. Die Teigplatten aufeinander legen. Sterne und Monde ausstechen. Aufs Blech legen und im Ofen (Mitte, Umluft 160°) 12–15 Min. backen. Mit dem Papier vom Blech ziehen und abkühlen lassen.

Besonders clever!

Aus Teigresten **Marmorplätzchen backen:** Die hellen und dunklen Teigreste locker miteinander verkneten und zu einer Rolle (3,5 cm Ø) formen. 1 Std. kühl stellen, dann in 3 mm dicke Scheiben schneiden oder ausrollen und Kekse ausstechen. Wie beschrieben backen.

Schokoladen-Mazurek
mit Mandeln und Rosinen

aus Polen | *Zubereitung: ca. 45 Min.* | *Ruhen: 30 Min.* | *Backen: ca. 25 Min.* | *Pro Stück: ca. 55 kcal*

Für ca. 70 Stück

300 g Mehl
125 g Butter
100 g Zucker
1 Prise Salz
1 Ei | 1–2 EL Milch

Für den Belag:

100 g Halbbitter-Kuvertüre (50 % Kakao)
50 g Rosinen
2 Eier
100 g Puderzucker
50 g geschälte gemahlene Mandeln
1 EL Mehl

1 Das Mehl in eine große Schüssel sieben. Butter in Stückchen teilen. Mit Zucker, Salz, Ei und Milch auf dem Teig verteilen. Alles rasch zu einem glatten Teig verkneten. Den Teig zu einer Kugel formen, in Frischhaltefolie wickeln und 30 Min. kühl stellen.

2 Backofen auf 200° vorheizen. Ein Backblech mit Backpapier belegen. Den Teig zwischen Frischhaltefolie auf Blechgröße ausrollen. Aufs Blech legen und mit einer Gabel mehrmals einstechen. Im Ofen (Mitte, Umluft 180°) 12–15 Min. backen. Auf dem Blech abkühlen lassen.

3 Für den Belag die Kuvertüre fein reiben. Die Rosinen fein hacken. Die Eier mit dem Puderzucker dickschaumig aufschlagen. Die Kuvertüre, die Rosinen, Mandeln und Mehl unterziehen. Die Masse gleichmäßig auf den Boden streichen. Im heißen Ofen (Mitte, Umluft 180°) 10 Min. backen.

4 Den Kuchen auskühlen lassen. Mit einem scharfen Messer in Rechtecke (ca. 3 x 5 cm) schneiden. Gut trocknen lassen. Vom Blech lösen und in Blechdosen schichten. Dabei jede Lage mit 1 Bogen Butterbrotpapier abdecken.

Schön verziert

Die Schnitten mit **weißer Kuvertüre** verzieren. Dafür die flüssige Kuvertüre in einen Gefrierbeutel füllen, eine winzige Ecke abschneiden und die Kuvertüre in feinen Linien auf die Plätzchen spritzen.

Clever tauschen

Den Teig dritteln. Zwei Drittel wie beschrieben ausrollen und backen. Mit **Johannisbeergelee** oder **Pflaumenmus** bestreichen. Ein Drittel als **Streusel** darauf verteilen. Nochmals 10 Min. backen, abkühlen lassen und in Rechtecke schneiden.

1
2
3

Gewürzspekulatius
mit Mandelboden

etwas aufwendiger | *Zubereitung: ca. 2 Std.* | *Ruhen: 1 Std.* | *Backen: ca. 12 Min.* | *Pro Stück: ca. 85 kcal*

Für ca. 50 Stück

350 g Mehl (Type 1050)
+ Mehl zum Arbeiten
1/2 TL Backpulver | 1 EL Zimt
je 1/2 TL gemahlener Anis und Muskatblüte (Macis)
je 1/4 TL gemahlener Ingwer, Nelken und Muskatnuss
1 gute Prise Salz
200 g weiche Butter
200 g dunkler Rohrzucker
3 EL Milch
100 g Mandelblättchen
1 Eigelb zum Bestreichen

Außerdem:

Spekulatius-Holzmodel mit verschiedenen Motiven (ersatzweise weihnachtliche Ausstechförmchen)

1 Das Mehl mit Backpulver in eine Schüssel sieben. Zimt, Anis, Muskatblüte, Ingwer, Nelken, Muskatnuss und Salz untermischen. Die Butter mit dem Zucker schaumig schlagen. Die Mehlmischung in Portionen mit der Milch zuerst unterrühren, dann unterkneten. Den Teig zu 2 Rollen formen, in Frischhaltefolie wickeln und 1 Std. kühl stellen.

2 Den Backofen auf 180° vorheizen. Zwei Backbleche mit Backpapier belegen und jeweils mit der Hälfte der Mandelblättchen bestreuen. Jede Rolle in 25 Scheiben schneiden.

3 Den Model mit Mehl ausstreuen, überschüssiges Mehl abklopfen (**Bild 1**). Jede Teigscheibe zu einer Kugel formen und in den Model drücken (**Bild 2**). Mit einem Messer glatt schneiden (**Bild 3**). Überstehenden Teig rund um das Motiv abschneiden. Die Teigstücke aufs Blech auf die Mandeln klopfen. Auf diese Weise alle Spekulatius formen und mit 2 cm Abstand aufs Blech legen.

4 Das Eigelb mit 2–3 EL Wasser verquirlen und die Plätzchen dünn damit bestreichen. Im Backofen (Mitte, Umluft 160°) 10–12 Min. backen. Mit dem Papier vom Blech ziehen und abkühlen lassen.

Einfach clever

Wenn **Kinder** mitbacken, aus dem Teig mit weihnachtlichen Förmchen Plätzchen ausstechen. Mit Eigelb bestreichen und mit gehackten Mandeln bestreuen. Wie beschrieben backen.

Nikolaus-Variante

Zum Verschenken an Nikolaus aus dem Teig statt kleiner Plätzchen einige **große Nikolausfiguren** mit Holzmodeln formen. Oder mit großen Ausstechformen Nikolausstiefel oder Tannenbäume ausstechen und nach dem Backen mit Zuckerguss verzieren.

Walnussbusserl

fix gemacht | *Zubereitung: ca. 35 Min.*
Backen: ca. 20 Min. | *Pro Stück: ca. 60 kcal*

Für ca. 50 Stück

200 g Walnusskerne | 100 g weiße Schokolade
3 Eiweiße | 1 Prise Salz | 200 g Puderzucker
1 Päckchen Vanillezucker | 1 EL Rum
50 Oblaten (40 mm Ø) | 50 g Edelbitter-Kuvertüre (70 % Kakao)

1 Walnusskerne grob hacken. Ohne Fett unter Rühren rösten, bis sie duften. Die Schokolade grob raspeln. Eiweiße mit Salz zu steifem Schnee schlagen. Puderzucker und Vanillezucker einrieseln lassen, Rum zugießen. Weiterschlagen, bis die Masse fest ist und glänzt.

2 Backofen auf 140° vorheizen. Zwei Bleche mit Backpapier belegen. Nüsse und Schokoraspel behutsam unter den Eischnee ziehen. Oblaten mit 1,5 cm Abstand aufs Blech legen.

3 Mit 2 angefeuchteten Teelöffeln kleine Teighäufchen abnehmen und auf die Oblaten setzen. Im Ofen (Mitte, Umluft 120°) ca. 20 Min. backen. Mit dem Papier vom Blech ziehen und abkühlen lassen.

4 Die Kuvertüre im Wasserbad schmelzen lassen. In ein Spritztütchen (s. S. 7) füllen und eine winzige Ecke abschneiden. Die Walnussbusserl mit feinen Linien verzieren.

Noch hübscher

Auf die Busserl 1 Tupfen **geschmolzene Schokolade** und 1 **Walnussviertel** setzen.

Orangen-Kipferl

vollwertig | *Zubereitung: ca. 1 Std. 30 Min.* | *Ruhen: 1 Std.* | *Backen: ca. 20 Min.* | *Pro Kipferl: ca. 45 kcal*

Für ca. 90 Stück

2 Bio-Orangen | 60 g Orangeat
250 g Dinkel-Vollkornmehl | 1/4 TL Natron
100 g gemahlene Mandeln | 200 g kalte Butter
125 g Honig | 1 Prise Salz | 50 g Puderzucker
2 EL Orangenblütenwasser (aus der Apotheke)

1 Orangen heiß waschen, trocknen, die Schale dünn abreiben. 30 g Orangeat sehr fein hacken, 30 g in feine Streifen schneiden. Mehl mit Natron in eine Schüssel sieben. Mandeln darüber streuen und in die Mitte eine Vertiefung drücken.

2 Die Butter in Stückchen teilen. Mit Honig, Salz, Orangenschale und Orangeatwürfeln in die Vertiefung geben. Alles rasch zu einem festen Teig verkneten, zu 2 Rollen (3 cm Ø) formen, in Frischhaltefolie wickeln und 1 Std. kühl stellen.

3 Backofen auf 180° vorheizen. Zwei Backbleche mit Backpapier belegen. Jede Teigrolle in 45 Scheiben schneiden. Daraus Kipferl formen. Mit 1,5 cm Abstand aufs Blech setzen. Auf jedes Kipferl 1 Orangeatstreifen legen. Im Ofen (Mitte, Umluft 160°) in 15–20 Min. zartbraun backen.

4 Puderzucker mit Orangenblütenwasser zu einem Guss verrühren und die heißen Kipferl damit überziehen.

oben rechts: Orangen-Kipferl | unten links: Walnussbusserl

Linzer Schnitten

mit Himbeerkonfitüre

aus Österreich | *Zubereitung: ca. 1 Std.* | *Ruhen: 1 Std.* | *Backen: ca. 25 Min.* | *Pro Stück: ca. 180 kcal*

Für ca. 30 Stück

1 Bio-Zitrone
275 g Mehl
275 g gemahlene Mandeln
200 g kalte Butter
3 Eier
1 Prise Salz
150 g Zucker
je 1 Msp. gemahlene Nelken und Zimt
150 g Himbeerkonfitüre
1 Eigelb zum Bestreichen

1 Die Zitrone heiß abwaschen und abtrocknen. Die Schale dünn abreiben, die halbe Frucht auspressen. Das Mehl mit Mandeln in einer Schüssel mischen und in die Mitte eine Vertiefung drücken. Die Butter in Stückchen teilen. Mit Eiern, Salz, Zucker, Nelken, Zimt, der Zitronenschale und dem Zitronensaft in die Vertiefung geben. Alles rasch zu einem festen Teig verkneten. Den Teig in Frischhaltefolie wickeln und 1 Std. kühl stellen.

2 Den Backofen auf 180° vorheizen. Ein Backblech mit Backpapier belegen. Den Teig halbieren. Eine Hälfte zwischen Frischhaltefolie in Blechgröße ausrollen. Aufs Blech legen. Die Himbeerkonfitüre erwärmen und gleichmäßig auf den Teig streichen.

3 Die zweite Teighälfte ebenfalls dünn ausrollen. Mit dem Zackenrädchen in 1 cm breite Streifen schneiden. Die Streifen diagonal als Gitter auf die Konfitüre legen. Eigelb mit 2 EL Wasser verquirlen und das Gitter damit bestreichen. Den Kuchen im Ofen (Mitte, Umluft 160°) 20–25 Min. backen.

4 Den Kuchen auf dem Blech abkühlen lassen. Mit einem scharfen Messer in Rechtecke (ca. 3 x 5 cm) oder Quadrate (ca. 4 x 4 cm) schneiden. Die Schnitten vorsichtig mit einer Palette vom Blech lösen. Offen trocknen lassen. In Blechdosen geschichtet, sind die Schnitten ca. 2 Wochen haltbar.

Besonders clever!

Den Teig mit **verschiedenen Konfitüren** bestreichen. Bepinseln Sie eine Hälfte zum Beispiel mit Orangen- oder Aprikosenkonfitüre und die andere mit Ingwerkonfitüre.

Clever tauschen

Statt mit Mandeln können Sie die Schnitten auch mit **gemahlenen Haselnüssen** backen. Die Haselnüsse werden – wie auch die Mandeln – ungeschält, also mit ihren dünnen Häutchen, verwendet.

Bayerische Butterbrote

süß statt herzhaft | *Zubereitung: ca. 1 Std.* | *Ruhen: ca. 1 Std.* | *Backen: ca. 15 Min.* | *Pro Stück: ca. 50 kcal*

Für ca. 100 Stück

150 g Halbbitter-Kuvertüre (50 % Kakao)
150 g weiche Butter
125 g Zucker
1 Prise Salz | 1 Ei
200 g Mehl
150 g gemahlene Haselnüsse

Für die Verzierung:

2 tagesfrische Eigelbe
175 g Puderzucker
2 EL Eierlikör (ersatzweise Orangensaft)
25 g gehackte Pistazien

1 Die Kuvertüre im Blitzhacker fein zerkleinern. Die Butter mit Zucker, Salz und Ei schaumig schlagen. Das Mehl darübersieben. Mit Nüssen und der Kuvertüre rasch zu einem glatten Teig verkneten. Den Teig zu 4 Rollen (3–4 cm Ø) formen, in Frischhaltefolie wickeln und mindestens 1 Std. kühl stellen.

2 Backofen auf 200° vorheizen. Zwei Backbleche mit Backpapier belegen. Jede Teigrolle in 25 Scheiben schneiden. Diese aufs Blech legen und im Ofen (Mitte, Umluft 180°) 10–15 Min. backen. Mit dem Papier vom Blech ziehen und kurz abkühlen lassen.

3 Für die Verzierung die Eigelbe mit dem Puderzucker und dem Eierlikör verrühren. Die Brotscheiben damit bestreichen. Mit Pistazien bestreuen und trocknen lassen.

Guss ohne Ei

Wer den Guss ohne Eigelb und Eierlikör zubereiten möchte, verrührt stattdessen **200 g Puderzucker** mit **2 EL Orangen- oder Möhrensaft.**

Knöchli mit ganzen Haselnüssen

aus der Schweiz | *Zubereitung: ca. 50 Min.* | *Ruhen: ca. 4 Std.* | *Backen: ca. 15 Min.* | *Pro Stück: ca. 55 kcal*

Für ca. 70 Stück

200 g Haselnusskerne
1 Bio-Zitrone
75 g weiche Butter
200 g Zucker
1 Prise Salz
2 Eier | 1 TL Zimt
1 Msp. gemahlene Nelken
50 g gemahlene Haselnüsse
250 g Mehl (Type 1050)
+ Mehl zum Arbeiten
1 Eiweiß zum Bestreichen

Clever lagern

Die ausgekühlten Knöchli in eine **Blechdose** schichten. Hier sind sie mehrere Wochen haltbar.

1 Die Haselnusskerne in einer Pfanne ohne Fett unter Rühren rösten, bis sie duften. Jedoch nicht bräunen lassen. Die Nüsse auf ein Küchentuch schütten und die Häutchen abreiben.

2 Die Zitrone heiß abwaschen, abtrocknen und die Schale dünn abreiben. Die Butter mit Zucker, Salz und der Zitronenschale schaumig schlagen. Die Eier einzeln einrühren. Zimt, Nelken und die gemahlenen Nüsse unterrühren. Die Haselnusskerne unterheben. Das Mehl auf die Eimasse sieben und unterziehen. Den Teig zu einer Kugel formen, in Frischhaltefolie wickeln und 3–4 Std. kühl stellen.

3 Backofen auf 220° vorheizen. Zwei Backbleche mit Backpapier belegen. Den Teig halbieren und auf bemehlter Arbeitsfläche in Dicke der Haselnusskerne ausrollen. In Streifen (ca. 1 x 7 cm) schneiden und aufs Blech legen. Das Eiweiß leicht verquirlen und die Streifen damit bepinseln. Im Ofen (Mitte, Umluft 200°) in ca. 15 Min. zartbraun backen. Mit dem Papier vom Blech ziehen und auskühlen lassen.

Zimtkranzerl

aus Österreich | *Zubereitung: ca. 1 Std.* | *Ruhen: 30 Min.* | *Backen: ca. 15 Min.* | *Pro Kranzerl: ca. 85 kcal*

Für ca. 30 Stück

150 g Mehl (Type 1050)
150 g kalte Butter
1 Eigelb
70 g Puderzucker
70 g geschälte gemahlene Mandeln
1 TL Zimt
abgeriebene Schale von 1/2 Bio-Zitrone
1 Päckchen Vanillezucker
2 EL Zucker

1 Das Mehl auf die Arbeitsfläche sieben. Die Butter in Stückchen teilen. Mit Eigelb, Puderzucker, Mandeln, Zimt und Zitronenschale auf dem Mehl verteilen. Alls rasch zu einem glatten Teig verkneten. Den Teig zu einer Rolle formen, in Frischhaltefolie wickeln und 30 Min. kühl stellen.

2 Backofen auf 180° vorheizen. Ein Backblech mit Backpapier belegen. Die Teigrolle halbieren. Jede Hälfte zu einem ca. 2 cm dicken Strang rollen und in ca. 8 cm lange Stücke schneiden. Die Stücke zu Kränzen legen, die Enden festdrücken. Mit 3 cm Abstand aufs Blech legen.

3 Im Ofen (Mitte, Umluft 160°) 10–15 Min. backen. Vanillezucker und Zucker in einem tiefen Teller mischen. Die heißen Kranzerl vorsichtig darin wenden und auf einem Kuchengitter auskühlen lassen.

Isländische Kardamom-Monde

raffiniert | *Zubereitung: ca. 1 Std. 30 Min.* | *Ruhen: 2 Std.* | *Backen: ca. 15 Min.* | *Pro Stück: ca. 70 kcal*

Für ca. 50 Stück

300 g Mehl + Mehl zum Arbeiten | 1/2 TL Backpulver | 1/2 TL Hirschhornsalz | 100 g Zucker
1 Prise Salz | 1 1/2 TL gemahlener Kardamom
150 g kalte Butter | 2 Eier | 300 g Pflaumenmus | 1 EL brauner Rum | 3–4 EL Milch
je 1 EL Kakao und Puderzucker

1 Mehl und Backpulver in eine Schüssel sieben. Hirschhornsalz, Zucker, Salz und Kardamom darauf streuen. Butter in kleine Stücke teilen. Mit den Eiern zum Mehl geben. Alles zu einem glatten Teig verkneten. Zu einer Kugel formen, in Frischhaltefolie wickeln, 2 Std. kühl stellen.

2 Pflaumenmus mit Rum unter Rühren dick einkochen lassen. Ofen auf 200° vorheizen. Zwei Backbleche mit Backpapier belegen.

3 Den Teig halbieren und auf bemehlter Arbeitsfläche ca. 4 mm dick ausrollen. Kreise (6 cm Ø) ausstechen. Je 1/2 TL Pflaumenmus daraufsetzen und zu Halbmonden zuklappen. Ränder mit einer Gabel festdrücken.

4 Die Monde mit Milch bepinseln, mit 2 cm Abstand aufs Blech legen. Im Ofen (Mitte, Umluft 180°) in 10–15 Min. hellbraun backen. Eine Hälfte dünn mit Kakao, die andere mit Puderzucker bestreuen.

links: Zimtkranzerl | rechts: Isländische Kardamom-Monde

Aachener Printen
mit Kandiszucker

rheinischer Klassiker | *Zubereitung: ca. 1 Std. 15 Min.* | *Ruhen: 4 Std.* | *Backen: ca. 10 Min.* | *Pro Printe: ca. 65 kcal*

Für ca. 70 Stück

500 g Zuckerrübensirup
100 g Zucker
150 g brauner Kandiszucker
50 g Orangeat
600 g Mehl (Type 1050)
+ Mehl zum Arbeiten
1/2 TL gemahlener Anis
je 1 gute Msp. gemahlener Koriander, Nelken und Piment
1/2 TL Pottasche
1 Msp. Natron
Milch zum Bestreichen

1 Den Zuckerrübensirup mit Zucker und 4 EL Wasser bei mittlerer Hitze unter Rühren erhitzen, bis sich der Zucker löst. Abkühlen lassen. Den Kandiszucker im Mörser fein zerstoßen. Das Orangeat fein hacken.

2 Das Mehl mit Anis, Koriander, Nelken, Piment, dem Orangeat und dem Kandis in einer Schüssel mischen. Pottasche und Natron in 1 EL Wasser auflösen. Mit dem Sirup zum Mehl gießen. Alles zuerst mit den Knethaken des Handrührgeräts, dann mit den Händen zu einem glatten Teig verkneten. Den Teig zu einer Kugel formen, in Frischhaltefolie wickeln und 4 Std. kühl stellen.

3 Den Backofen auf 200° vorheizen. Zwei Backbleche mit Backpapier belegen. Den Teig halbieren. Jede Hälfte auf der bemehlten Arbeitsfläche 5 mm dick ausrollen und in Rechtecke (ca. 3 x 8 cm) schneiden. Die Printen mit 2 cm Abstand aufs Blech legen. Mit Milch bestreichen.

4 Im Ofen (Mitte, Umluft 180°) ca. 10 Min. backen. Mit dem Papier vom Blech ziehen und kurz abkühlen lassen. Auf ein Kuchengitter legen und ganz auskühlen lassen.

Echt clever!

Anfangs sind die Printen noch ganz schön hart. Mit einem **Trick** werden sie aber weicher: Einfach in eine Blechdose schichten und offen, mit einem Tuch bedeckt lagern. Backen Sie die Printen schon zu Beginn der Adventszeit. Je länger sie liegen, desto besser schmecken sie.

Feine Variante

Schoko-Mandel-Printen – dieses Highlight der rheinischen »Printen-Garde« erhält nach dem Backen noch einen sensationellen Überzug aus flüssiger Edelbitter-Kuvertüre, gemischt mit leicht gerösteten Mandelsplittern.

Christmas-Hits – Raffiniertes aus der Weihnachtsbäckerei

Wer seine Familie und Freunde mit neuen Plätzchen überraschen möchte, lässt sich hier inspirieren.

Flammende Herzen mit Chili

raffiniert | *im Bild links* | *Zubereitung: ca. 1 Std.*
Ruhen: 30 Min. | *Backen: ca. 12 Min.* | *Pro Herz: ca. 60 kcal*

Für ca. 50 Stück

300 g Mehl
1 Ei | 1 Eigelb
1 Prise Salz
1 Prise gemahlener weißer Pfeffer
1 Msp. gemahlene Muskatblüte (Macis)
100 g Zucker
150 g kalte Butter
50 g Chili-Edelbitterschokolade

Außerdem:

Herz-Ausstechförmchen in zwei Größen

1 Das Mehl mit Ei, Eigelb, Salz, Pfeffer, Muskatblüte, Zucker und Butter rasch zu einem glatten Teig verkneten. Den Teig zu einer Kugel formen, in Frischhaltefolie wickeln und 30 Min. kühl stellen.

2 Den Backofen auf 180° vorheizen. Ein Backblech mit Backpapier belegen. Den Teig halbieren und zwischen Frischhaltefolie ca. 4 mm dick ausrollen. Herzen ausstechen und aufs Blech legen. Im Ofen (Mitte, 160°) 10–12 Min. backen.

3 Die Chili-Schokolade im Wasserbad schmelzen und leicht abkühlen lassen. Auf jedes Herz mehrere dicke Tupfen Schokolade setzen und mit einem dünnen Pinsel flammenartig nach oben verziehen. Trocknen lassen.

Ischler Mandelschnitten

***etwas aufwendig** | Zubereitung: ca. 2 Std. | Ruhen: 4 Std. | Backen: ca. 12 Min. | Pro Stück: ca. 95 kcal*

Für ca. 60 Stück

1 tagesfrisches Ei | 200 g weiche Butter
120 g + 4 EL Zucker | abgeriebene Schale von 1/2 Bio-Zitrone | 180 g geschälte gemahlene Mandeln | 270 g Mehl | 150 g Himbeerkonfitüre | 150 g Edelbitter-Kuvertüre
30 geschälte Mandeln

1 Das Ei trennen. Butter mit 120 g Zucker, Zitronenschale und Eigelb schaumig schlagen. Mandeln und Mehl daraufstreuen. Unterrühren, dann unterkneten. Teig zur Kugel formen, in Folie wickeln, 4 Std. kühl stellen.

2 Backofen auf 180° vorheizen. Ein Backblech mit Backpapier belegen. Den Teig halbieren und zwischen Frischhaltefolie 4 mm dick ausrollen. In Rechtecke (4,5 x 2,5 cm) schneiden, aufs Blech legen, im Ofen (Mitte, Umluft 160°) 10–12 Min. backen.

3 Konfitüre erwärmen. Je 2 Schnitten mit etwas Konfitüre zusammensetzen. Kuvertüre im Wasserbad schmelzen lassen. Die Schnitten damit überziehen, antrocknen lassen.

4 Mandeln längs halbieren. Auf der gewölbten Seite mit etwas Eiweiß bepinseln, in 4 EL Zucker drücken und mit der glatten Seite auf die Plätzchen setzen. Trocknen lassen.

Mandel-Kaffee-Biscotti

***zu Vin Santo** | Zubereitung: ca. 45 Min. Backen: ca. 22 Min. | Pro Stück: ca. 50 kcal*

Für ca. 80 Stück

180 g geschälte Mandeln | 280 g Mehl + Mehl zum Arbeiten | 2 TL Backpulver | 1/2 TL Salz
125 g Butter | 200 g Zucker | 50 g gemahlener Kaffee | 1/4 TL Zimt | 3 Eier

1 Backofen auf 180° vorheizen. Mandeln auf einem Backblech ausbreiten, im Ofen (Mitte, Umluft 160°) hellbraun rösten. Abkühlen lassen und im Blitzhacker fein zerkleinern.

2 Das Mehl mit Backpulver und Salz in eine Schüssel sieben. In die Mitte eine Vertiefung drücken. Die Butter in Stücke teilen. Mit Zucker, Kaffee, Zimt und den Mandeln hineingeben. Die Eier verquirlen und zufügen. Alles zu einem glatten Teig verkneten. Den Teig kurz kühl stellen.

3 Backofen auf 200° vorheizen. Zwei Backbleche mit Backpapier belegen. Den Teig auf bemehlter Arbeitsfläche 1 cm dick ausrollen und in Rechtecke (ca. 2 x 5 cm) schneiden. Mit 1 cm Abstand aufs Blech legen. Im Ofen (Mitte, Umluft 180°) in 20–22 Min. zartbraun backen.

Mit Mandelstreuseln

50 g **geschälte Mandeln** grob hacken und vor dem Backen auf die Biscotti streuen, leicht andrücken.

oben: Ischler Mandelschnitten | unten: Mandel-Kaffee-Biscotti

Paradiesische Kokospalmen

für Karibikfans | *Zubereitung: ca. 1 Std. 30 Min.* | *Ruhen: 1 Std.* | *Backen: ca. 20 Min.* | *Pro Stück: ca. 30 kcal*

Für ca. 100 Stück

180 g Mehl | 1 TL Backpulver
100 g + 1 EL Kokosraspel
125 g kalte Butter
100 g Zucker
1 Päckchen Vanillezucker
1 Prise Salz
1 TL abgeriebene Bio-Zitronenschale
1 Ei
1 Stängel kandierte Angelika (s.S. 11, ersatzweise 20 g Zitronatstreifen)
100 g Puderzucker
1 EL weißer Rum

Außerdem:

Palmen-Ausstechförmchen

1 Mehl und Backpulver in eine Schüssel sieben. 100 g Kokosraspel untermischen und in die Mitte eine Vertiefung drücken. Butter in Stückchen teilen. Mit Zucker, Vanillezucker, Salz und Zitronenschale auf den Rand geben. Das Ei verquirlen und in die Vertiefung gießen. Alles rasch zu einem glatten Teig verkneten. In Frischhaltefolie wickeln und 1 Std. kühl stellen.

2 Backofen auf 200° vorheizen. Zwei Backbleche mit Backpapier belegen. Den Teig halbieren und zwischen Frischhaltefolie 3 mm dick ausrollen. Palmen ausstechen und aufs Blech legen. Im Ofen (Mitte, Umluft 180°) 15–20 Min. backen. Mit dem Papier vom Blech ziehen und kurz abkühlen lassen.

3 Die Angelika in feine Streifchen schneiden. Puderzucker und Rum verrühren. Die Palmen damit überziehen und mit Angelikastreifchen garnieren. Dünn mit 1 EL Kokosraspeln bestreuen. Gut trocknen lassen.

Kokosnuss-Makronen mit Früchten

supereinfach | *Zubereitung: ca. 45 Min.* | *Ruhen: ca. 3 Std.* | *Backen: ca. 18 Min.* | *Pro Stück: ca. 35 kcal*

Für ca. 65 Stück

130 g gemischte kandierte Südfrüchte (Mango, Papaya, Ananas, Zitronat)
200 g Kokosraspel
200 g Puderzucker
3 Eiweiße (von Eiern Größe L)
1 TL Zitronensaft

1 Die kandierten Früchte sehr fein würfeln. 30 g für die Verzierung beiseitelegen. Die restlichen Würfelchen mit den Kokosraspeln mischen. Den Puderzucker sieben. Die Eiweiße mit dem Puderzucker mindestens 3 Min. zu festem, geschmeidigem Schnee schlagen. Die Kokos-Frucht-Mischung und den Zitronensaft behutsam unterheben.

2 Zwei Backbleche mit Backpapier belegen. Mit zwei Teelöffeln kleine Teighäufchen mit 2 cm Abstand aufs Blech setzen. Auf jede Makrone 3–4 Fruchtwürfelchen legen. Die Makronen 2–3 Std. trocknen lassen.

3 Den Backofen auf 160° vorheizen. Die Makronen im Ofen (Mitte, Umluft 140°) in 15–18 Min. hell backen. Sie sollen außen knusprig und innen weich sein. Die Makronen mit dem Papier vom Blech ziehen und ganz auskühlen lassen. Zum Aufbewahren in Dosen schichten. So sind sie 2–3 Wochen haltbar.

Auf Oblaten-Basis

Wer mag, kann die Makronen auch auf **Oblaten** (40 mm Ø) setzen. So sind sie nach dem Backen stabiler.

Schoko-Cantuccini

***aus Venetien** | Zubereitung: ca. 30 Min. Backen: ca. 35 Min. | Pro Stück: ca. 45 kcal*

Für ca. 80 Stück

80 g Edelbitter-Kuvertüre (70 % Kakao)
30 g Butter | 250 g Mehl (Type 1050) + Mehl zum Arbeiten | 1 TL Backpulver | 1 EL Kakao
120 g Zucker | 1 Päckchen Vanillezucker
1 Prise Salz | 2 Eier (Größe L)
2 EL Milch | 200 g Mandeln | 1 Eiweiß

1 Kuvertüre hacken. Mit der Butter im Wasserbad schmelzen und abkühlen lassen. Mehl, Backpulver und Kakao in eine Schüssel sieben, eine Vertiefung hineindrücken. Zucker, Vanillezucker, Salz, Eier, Milch und die flüssige Kuvertüre hineingeben. Alles zu einem glatten Teig verkneten.

2 Ofen auf 180° vorheizen. Ein Backblech mit Backpapier belegen. Den Teig auf bemehlter Arbeitsfläche etwas flach drücken. Mandeln daraufstreuen und unterkneten. Zu 3 Rollen (3,5 cm Ø) formen.

3 Die Rollen mit 4 cm Abstand aufs Blech legen. Das Eiweiß leicht verquirlen und die Rollen damit bepinseln. Im Ofen (Mitte, Umluft 160°) 15–20 Min. backen. Die Ofentemperatur auf 120° reduzieren.

4 Die Rollen kurz abkühlen lassen. Schräg in 1,5 cm dicke Scheiben schneiden, mit der Schnittfläche aufs Blech legen. Im Ofen (Mitte, Umluft 100°) 15 Min. trocknen. Mit dem Papier vom Blech ziehen, auskühlen lassen.

Anisfinger

***aus Südfrankreich** | Zubereitung: ca. 45 Min. | Ruhen: 30 Min. | Backen: ca. 18 Min. | Pro Stück: ca. 45 kcal*

Für ca. 50 Stück

1 Ei | 100 ml Olivenöl nativ extra | 70 g Zucker
1 Päckchen Vanillezucker | 1 1/2 TL Anissamen
250 g Mehl + Mehl zum Arbeiten
1 TL Backpulver | 1 EL Milch

1 Das Ei mit Öl, Zucker und Vanillezucker dickschaumig aufschlagen. Den Anis im Mörser zerstoßen und unterrühren. Mehl und Backpulver mischen. In Portionen auf den Eischaum sieben und unterziehen, dann unterkneten. Bei Bedarf 1 EL Milch zufügen. Den Teig zu einer Rolle formen und 30 Min. kühl stellen.

2 Backofen auf 160° vorheizen. Zwei Backbleche mit Backpapier belegen. Die Teigrolle in 50 Scheiben schneiden. Daraus mit bemehlten Händen 9–10 cm lange Rollen mit spitzen Enden formen. Mit 2 cm Abstand aufs Blech legen.

3 Die Finger im Ofen (Mitte, Umluft 150°) in 15–18 Min. hellbraun backen. Mit dem Papier vom Blech ziehen und abkühlen lassen. In Dosen gelagert ca. 3 Wochen haltbar.

Hübsch gemacht

50 g Puderzucker mit **1 TL Anislikör** (ersatzweise Orangensaft) verrühren. In ein Spritztütchen (s. S. 7) füllen und eine winzige Ecke abschneiden. In Wellen auf die Anisfinger spritzen.

vorne: Anisfinger | hinten: Schoko-Cantuccini

Bunte Marzipanplätzchen

für Kinder | *Zubereitung: ca. 1 Std. 30 Min.* | *Ruhen: 1 Std.* | *Backen: ca. 12 Min.* | *Pro Stück: ca. 45 kcal*

Für ca. 55 Stück

200 g Mehl
+ Mehl zum Arbeiten
40 g Zucker
75 g Marzipanrohmasse
120 g weiche Butter
1 Eigelb

Für die Verzierung:

100 g Puderzucker
1–2 TL Zitronensaft
bunte Zuckerperlen
Schokostreusel (ersatzweise Schokochips)

Außerdem:

Ausstechförmchen mit verschiedenen Motiven

1 Das Mehl mit Zucker, Marzipan, Butter und Eigelb zu einem glatten Teig verkneten. Den Teig in Frischhaltefolie wickeln und 1 Std. kühl stellen.

2 Backofen auf 180° vorheizen. Zwei Bleche mit Backpapier belegen. Den Teig zwischen Frischhaltefolie 3–4 mm dick ausrollen. Plätzchen ausstechen und mit 2 cm Abstand aufs Blech legen. Im Ofen (Mitte, Umluft 160°) 10–12 Min. backen. Mit dem Backpapier vom Blech ziehen und etwas abkühlen lassen.

3 Für die Verzierung Puderzucker und Zitronensaft verrühren. Die Plätzchen damit überziehen und mit Zuckerperlen oder Schokostreuseln verzieren. Trocknen lassen.

Katzen mit Koriander

Für ca. 55 Stück | **200 g Mehl** mit **40 g Zucker, 1 TL gemahlenem Koriander, 75 g Marzipanrohmasse, 120 g weicher Butter** und **1 Eigelb** zu einem festen Teig verkneten. 3 mm dick ausrollen und Katzen ausstechen (Ausstechförmchen gibt's im Haushaltswarengeschäft). Wie beschrieben backen. Je 30 g **Vollmilch- und weiße Kuvertüre** getrennt schmelzen lassen. Damit Augen und Pfötchen aufmalen.

Knuspertaler

Für ca. 70 Stück | **200 g Mehl** mit **40 g Zucker, 1 Päckchen Vanillezucker, 100 g Marzipanrohmasse, 100 g weicher Butter** und **1 Eigelb** zu einem festen Teig verkneten. Zu 2 Rollen (4 cm Ø) formen und 2 Std. kühl stellen. Die Rollen in 5 mm dicke Scheiben schneiden. Bei 180° (Mitte, Umluft 160°) 12–15 Min. backen. **50 g Edelbitter-Kuvertüre** schmelzen lassen. Zackenlinien auf die Taler spritzen. Trocknen lassen.

Nuss-Küsschen

dekorativ | *Zubereitung: ca. 45 Min.* | *Ruhen: 30 Min.*
Backen: ca. 15 Min. | *Pro Stück: ca. 65 kcal*

Für ca. 50 Stück

125 g weiche Butter | 100 g heller Rohrzucker
1 Prise Salz | 1 Ei | 1 Eigelb | 200 g Dinkelmehl (Type 1050) + Mehl zum Arbeiten
1/2 TL Backpulver | 150 g gemahlene Haselnüsse | 1 TL Zimt | 100 g Kirschkonfitüre (ersatzweise Pflaumenmus)

1 Butter mit Zucker, Salz, Ei und Eigelb schaumig schlagen. Mehl und Backpulver in eine Schüssel sieben. Haselnüsse und Zimt untermischen. Die Mehlmischung in Portionen unter die Eiercreme rühren, dann unterkneten. Teig zu einer Kugel formen, in Frischhaltefolie wickeln und 30 Min. kühl stellen.

2 Die Konfitüre durch ein Sieb streichen. Den Backofen auf 200° vorheizen. Zwei Backbleche mit Backpapier belegen. Jeweils 1 TL Teig abnehmen und mit bemehlten Händen zu Kugeln rollen. Leicht flach drücken und mit 2 cm Abstand aufs Blech legen.

3 Mit einem Kochlöffelstiel in die Mitte eine kleine Mulde drücken. Die Konfitüre in einen kleinen Gefrierbeutel füllen. Eine feine Ecke abschneiden und die Mulden mit Konfitüre füllen. Die Küsschen im Ofen (Mitte, Umluft 180°) 12–15 Min. backen. Mit dem Papier vom Blech ziehen und auskühlen lassen.

Pecannuss-Quadrate

einfach | *Zubereitung: ca. 45 Min.* | *Ruhen: 1 Std.*
Backen: ca. 45 Min. | *Pro Stück: ca. 85 kcal*

Für ca. 60 Stück

175 g Mehl (Type 1050) | 100 g weiche Butter
100 g hellbrauner Rohrzucker | 1 Päckchen Vanillezucker | 1 Prise Salz

Für den Belag:

225 g Pecannüsse | 100 g Butter
75 g hellbrauner Rohrzucker
125 g Honig | 3 EL Sahne | 1 TL Vanillezucker

1 Mehl mit Butter, Zucker, Vanillezucker, Salz und 3 EL Wasser zu einem festen Teig verkneten. Den Teig zu einer Kugel formen und in Frischhaltefolie 1 Std. kühl stellen.

2 Für den Belag die Pecannüsse halbieren. Butter, Zucker und Honig unter Rühren aufkochen. Sahne einrühren. Vom Herd nehmen, Vanillezucker und Pecannüsse unterziehen.

3 Backofen auf 180° vorheizen. Ein Blech mit Backpapier belegen. Teig zwischen Frischhaltefolie 2–3 mm dick in Blechgröße ausrollen. Aufs Blech legen und mit einer Gabel mehrmals einstechen. Im Ofen (Mitte, Umluft 160°) 15 Min. backen.

4 Temperatur auf 160° (Umluft 140°) reduzieren. Die Nussmasse auf den Boden streichen, 25–30 Min. weiterbacken. Den Kuchen kurz abkühlen lassen. In ca. 4 x 4 cm große Quadrate schneiden, vom Blech lösen und auf einem Kuchengitter auskühlen lassen.

oben: Pecannuss-Quadrate | unten: Nuss-Küsschen

Brownies
mit Macadamia-Nüssen

edel | *Zubereitung: ca. 45 Min.* | *Backen: ca. 30 Min.* | *Pro Stück: ca. 80 kcal*

Für ca. 65 Stück

160 g ungesalzene Macadamia-Nüsse
200 g + 50 g Edelbitter-Kuvertüre (70 % Kakao)
125 g Butter + Butter für die Form
3 Eier (Größe L)
200 g Zucker
1 Päckchen Vanillezucker
150 g Mehl + Mehl für die Form
1/2 TL Backpulver

1 100 g Macadamia-Nüsse grob hacken. 60 g Nüsse halbieren und für die Verzierung beiseitelegen. 200 g Kuvertüre mit der Butter im Wasserbad unter Rühren schmelzen lassen.

2 Den Backofen auf 180° vorheizen. Die Eier mit Zucker und Vanillezucker dickschaumig aufschlagen, bis sich der Zucker löst. Die flüssige Kuvertüre einrühren. Mehl und Backpulver mischen. Auf die Eimasse sieben und unterziehen.

3 Eine rechteckige Backform (ca. 25 x 35 cm) fetten und dünn mit Mehl ausstreuen. Den Teig einfüllen und glatt streichen. Im Ofen (Mitte, Umluft 160°) 25–30 Min. backen.

4 Den Kuchen kurz abkühlen lassen und in ca. 3,5 x 3,5 cm große Quadrate schneiden. Vorsichtig aus der Form lösen und auf einem Kuchengitter ganz auskühlen lassen.

5 50 g Kuvertüre im Wasserbad schmelzen lassen. Auf jedes Quadrat mit einem schmalen Pinsel 1 Kuvertüretupfen und 1 Nusshälfte setzen. Trocknen lassen.

Clever formen

Den gebackenen Kuchen 2 Std. kühl stellen. So lässt er sich leichter schneiden. **Besonders hübsch:** Runde Brownies ausstechen.

Clever tauschen

Sie bekommen keine ungesalzenen Macadamia-Nüsse? Spülen Sie einfach gesalzene Nüsse in einem Sieb lauwarm ab. Abtropfen lassen und trocken tupfen. **Statt der Macadamia-Nüsse** können Sie auch 80 g gehäutete, grob gehackte Haselnüsse und 80 g kandierte, gewürfelte Papaya (ersatzweise Ananas) unter den Teig heben. Die Brownies dann mit Kuvertüretupfen und Fruchtwürfelchen verzieren.

Porterbier-Kekse

Irland lässt grüßen | *Zubereitung: ca. 1 Std.* | *Backen: ca. 25 Min.* | *Pro Stück: ca. 50 kcal*

Für ca. 100 Stück

225 g dunkle Rosinen (von roten Trauben) | 110 g Sultaninen
65 g getrocknete Kirschen
je 65 g Zitronat und Orangeat
125 g kalte Butter
250 g Mehl (Type 1050)
65 g gehackte Mandeln
150 g brauner Rohrzucker
abgeriebene Schale von 1/2 Bio-Zitrone
1 TL Pfefferkuchengewürz
1 Prise Salz
1 TL Instant-Kaffeepulver
140 ml dunkles irisches Bier
1/2 TL Natron | 2 Eier
75 g getrocknete Kirschen zum Belegen

1 Rosinen, Sultaninen, Kirschen, Zitronat und Orangeat fein hacken. Die Butter in kleine Stücke teilen. Das Mehl in eine große Schüssel sieben. Die Trockenfrüchte, Butterstückchen und Mandeln darauf verteilen. Mit Zucker, Zitronenschale, Pfefferkuchengewürz, Salz und Kaffee mit den Knethaken des Handrührgeräts gut mischen.

2 Das Bier leicht erwärmen. Das Natron in 3 EL lauwarmem Bier auflösen. Die Eier mit dem restlichen Bier verquirlen. Mit dem Natron zur Mehlmischung gießen und alles zu einem geschmeidigen Teig verkneten.

3 Backofen auf 160° vorheizen. Zwei Backbleche mit Backpapier belegen. Mit zwei Teelöffeln Teighäufchen abnehmen und mit 3 cm Abstand aufs Blech setzen. In jedes Häufchen 1 Kirsche drücken. Im Ofen (Mitte, Umluft 140°) 20–25 Min. backen. Mit dem Papier vom Blech ziehen und auskühlen lassen.

Mandelplätzchen »Kourabièdes«

***aus Griechenland** | Zubereitung: ca. 45 Min. | Ruhen: 1 Std. | Backen: ca. 20 Min. | Pro Stück: ca. 125 kcal*

Für ca. 40 Stück

200 g weiche Butter
150 g Zucker
1 Päckchen Vanillezucker
2 Eier
1 EL Ouzo (griechischer Anis-Schnaps)
1 Prise Salz
375 g Mehl + Mehl zum Arbeiten
125 g geschälte gemahlene Mandeln
40 Gewürznelken
4–5 EL Orangenblütenwasser (aus der Apotheke)
100 g Puderzucker

1 Butter schmelzen und abkühlen lassen. Mit Zucker und Vanillezucker schaumig schlagen. Die Eier einzeln einrühren. Ouzo und Salz unterrühren. Das Mehl darübersieben und die Mandeln darüberstreuen. Alles zuerst verrühren, dann zu einem glatten Teig verkneten. Den Teig zu einer Kugel formen, in Frischhaltefolie wickeln und 1 Std. kühl stellen.

2 Backofen auf 180° vorheizen. Zwei Backbleche mit Backpapier belegen. Je 1 gestrichenen Esslöffel Teig mit bemehlten Händen oval formen. Aufs Blech setzen und in die Mitte eine Gewürznelke stecken.

3 Die Plätzchen im Ofen (Mitte, Umluft 160°) in 15–20 Min. zartbraun backen. Die heißen Plätzchen mit Orangenblütenwasser bepinseln und dick mit Puderzucker bestreuen.

Clever lagern

Die »Kourabièdes« in Lagen **in eine Dose schichten.** Zwischen die Schichten je einen Bogen **Butterbrotpapier** legen.

Rosinenplätzchen

***schnell gemacht** | Zubereitung: ca. 45 Min.*
Backen: ca. 20 Min. | Pro Stück: ca. 50 kcal

Für ca. 50 Stück

75 g Marzipanrohmasse
100 g weiche Butter | 75 g Zucker
1 Päckchen Vanillezucker | 1 Prise Salz
2 Eier | 125 g Mehl | 1/2 TL Backpulver
60 g Rumrosinen (Fertigprodukt oder selbst gemacht) | 100 g Aprikosenkonfitüre

Außerdem:

1 Spritzbeutel mit 10 mm großer Lochtülle

1 Backofen auf 200° vorheizen. Zwei Bleche mit Backpapier belegen. Marzipan und Butter verkneten. Mit Zucker, Vanillezucker und Salz schaumig schlagen. Die Eier einzeln einrühren. Mehl und Backpulver mischen. Auf die Eiercreme sieben und unterheben.

2 Den Teig in den Spritzbeutel füllen. Mit 2 cm Abstand Tupfen (ca. 3 cm Ø) aufs Blech spritzen. Jeden Tupfen mit 3 Rumrosinen belegen, leicht andrücken. Im Ofen (Mitte, Umluft 180°) 15–20 Min. backen.

3 Die Plätzchen mit dem Papier vom Blech ziehen. Die Konfitüre erwärmen und die heißen Plätzchen damit bestreichen. Trocknen lassen.

Besonders clever!

Rosinen selbst einlegen: Dafür 50 g Rosinen mit 100 ml braunem Rum übergießen, 2 Std. marinieren und abtropfen lassen.

Sternschnuppen

***leicht** | Zubereitung: ca. 45 Min. | Ruhen: 30 Min.*
Backen: ca. 12 Min. | Pro Stück: ca. 50 kcal

Für ca. 50 Stück

1/2 Vanilleschote | 175 g weiche Butter
75 g Puderzucker | 1 Ei (Größe L) | 3 Tropfen Bittermandelöl | 3 Tropfen Zitronenöl
250 g Mehl | 1–2 EL Milch
Silberzucker (ersatzweise Silberperlen)

Außerdem:

1 Spritzbeutel mit 10 mm großer Sterntülle

1 Vanilleschote längs aufschlitzen, das Mark herausschaben. Butter mit dem Puderzucker schaumig schlagen. Das Vanillemark, Ei und die Öle unterrühren. Das Mehl in Portionen auf die Buttercreme sieben. Unterziehen, bis ein dickflüssiger Teig entsteht. Bei Bedarf Milch unterrühren.

2 Zwei Backbleche mit Backpapier belegen. Den Teig portionsweise in den Spritzbeutel füllen und 4 cm lange Streifen aufs Blech spritzen. Jeweils am Ende eine Rosette setzen. Die Rosetten mit Silberzucker bestreuen. Das Spritzgebäck 30 Min. kühl stellen.

3 Backofen auf 180° vorheizen. Die Sterne im Ofen (Mitte, Umluft 160°) 10–12 Min. backen, bis sich die Ränder zartbraun färben. Mit dem Papier vom Blech ziehen und auskühlen lassen.

oben: Rosinenplätzchen | unten: Sternschnuppen

Bärentatzen
mit »Schokokrallen«

etwas Besonderes | *Zubereitung: ca. 45 Min.* | *Ruhen: 12 Std.* | *Backen: ca. 20 Min.* | *Pro Stück: ca. 95 kcal*

Für ca. 30 Stück

150 g Edelbitter-Schokolade (70 % Kakao)
1 Bio-Zitrone
250 g gemahlene Mandeln
1 TL Zimt
1 Msp. gemahlener Kardamom
3 Eiweiße
1 Prise Salz
150 g Zucker + Zucker fürs Förmchen

Für die Verzierung:

100 g Edelbitter-Kuvertüre (70 % Kakao)

Außerdem:

1 Bärentatzen-Förmchen

1 Die Schokolade fein reiben. Die Zitrone heiß abwaschen, abtrocknen und die Schale dünn abreiben. Beides mit Mandeln, Zimt und Kardamom mischen. Die Eiweiße mit Salz zu festem Schnee schlagen. Dabei den Zucker einrieseln lassen. Die Schoko-Mandel-Mischung unter den Eischnee ziehen.

2 Zwei Backbleche mit Backpapier belegen. Das Förmchen mit Zucker ausstreuen. Vom Teig walnussgroße Portionen abnehmen, ins Förmchen drücken und mit 3 cm Abstand aufs Blech klopfen. Fortfahren, bis alle Bärentatzen geformt sind. Die Tatzen 12 Std. oder über Nacht an einem kühlen Ort trocknen lassen.

3 Den Backofen auf 180° vorheizen. Die Bärentatzen im Ofen (Mitte, Umluft 160°) 15–20 Min. backen. Mit dem Papier vom Blech ziehen und kurz abkühlen lassen.

4 Für die Verzierung die Kuvertüre im Wasserbad schmelzen lassen. Die Spitzen der Bärentatzen eintauchen und auf einem Kuchengitter trocknen lassen. In einer Dose aufbewahren. So hält sich das Gebäck 3–4 Wochen.

Besonders clever!

Wer keine Bärentatzenform findet, nimmt einfach eine **Muschelform für Madeleines.** Darin geformt, sehen die Tatzen nur ein bisschen »schlanker« aus.

Clever tauschen

Statt mit Mandeln können Sie die Bärentatzen auch mit gemahlenen **Hasel- oder Walnüssen** backen. Alle anderen Zutaten bleiben gleich. Hübscher Kontrast: Einen Teil der Tatzen in **flüssige weiße Kuvertüre** tauchen.

Weihnachtskuchen im Festgewand

Nicht nur die Kleinen sind feiertagstauglich – zu den Festtagen gibt's überall spezielle Weihnachtskuchen.

Für 1 Gugelhupfform von 2 l Inhalt (16 Stück)

1 Vanilleschote
100 g Edelbitter-Kuvertüre (70 % Kakao)
250 g weiche Butter + Butter für die Form
200 g Zucker
5 Eier
2 EL Kakao
je 1 TL gemahlener Zimt und Koriander
1/2 TL gemahlene Nelken
350 g Mehl + Mehl für die Form
2 TL Backpulver
100 ml Rotwein
150 g Puderzucker

Glühweinkuchen

raffinierter Schlemmerkuchen | *im Bild links*
Zubereitung ca. 45 Min. | *Backen: ca. 1 Std.* | *Pro Stück: ca. 350 kcal*

1 Die Vanilleschote längs halbieren und das Mark herausschaben. Die Kuvertüre hacken. Den Backofen auf 180° vorheizen. Die Backform fetten und dünn mit Mehl ausstreuen.

2 Die Butter mit Zucker und dem Vanillemark schaumig schlagen. Die Eier einzeln einrühren. Kakao, Zimt, Koriander, Nelken, Mehl und Backpulver mischen. Auf die Eimasse sieben und mit 50 ml Rotwein unterrühren. Die Kuvertürestückchen unterziehen.

3 Den Teig in die Form füllen. Im Ofen (Mitte, Umluft 160°) 50–60 Min. backen. Leicht abgekühlt aus der Form lösen und auf einem Kuchengitter auskühlen lassen.

4 50 ml Wein auf 2–3 EL einkochen lassen. Mit dem Puderzucker verrühren und den Kuchen damit überziehen. Trocknen lassen. Der Gugelhupf schmeckt mit warmen Preiselbeeren und Zimtsahne auch als Dessert.

1

2

3

Festliche Nusstorte

gut vorzubereiten | *Zubereitung: ca. 1 Std.* | *Ruhen: 30 Min.* | *Backen: ca. 40 Min.* | *Pro Stück: ca. 430 kcal*

Für 1 Springform von 26 cm Ø (16 Stück)

350 g Mehl (Type 1050)
+ Mehl zum Arbeiten
250 g kalte Butter
+ Butter für die Form
120 g Zucker
1 Prise Salz
1 Ei | 1 Eigelb
2 EL Sahne

Für die Füllung:

300 g Walnusskerne
150 g Zucker
100 g Sahne
3 EL Honig

Außerdem:

Stern-Ausstechförmchen
in verschiedenen Größen

1 Mehl mit Butter, Zucker, Salz und Ei rasch zu einem glatten Teig verkneten. Den Teig zu einer Kugel formen, in Frischhaltefolie wickeln und mindestens 30 Min. kühl stellen.

2 Für die Füllung die Nüsse grob hacken. Den Zucker in einem Topf bei mittlerer Hitze unter Rühren schmelzen und goldgelb werden lassen. Die Nüsse einrühren und kurz anrösten. Die Sahne und den Honig unterrühren. Nochmals aufkochen und vom Herd nehmen.

3 Die Backform fetten. Teig in 3 Portionen teilen. Ein Drittel 3 mm dick rund auf Formgröße ausrollen. Die Form auf die Teigplatte setzen. Überstehenden Teig rundum abschneiden (**Bild 1**) und den Boden in die Form legen. Das zweite Drittel 3 mm dick ausrollen und in ca. 6 cm breite Streifen schneiden. Die Streifen rund um den Boden an den Formrand setzen (**Bild 2**). Die Nussfüllung gleichmäßig auf den Boden streichen. Die überstehenden Ränder darüber klappen.

4 Das Eigelb mit der Sahne verquirlen und einen Teil auf den Teigrand pinseln. Das letzte Teigdrittel 3 mm dick ausrollen und einen Kreis in Formgröße ausschneiden. Auf die Füllung legen und den Rand andrücken. Mit etwas Eisahne bepinseln (**Bild 3**). Den Backofen auf 200° vorheizen.

5 Alle Teigreste verkneten. 3 mm dick ausrollen und verschieden große Sterne ausstechen. Die Sterne auf die Torte setzen und mit der restlichen Eisahne bestreichen. Die Torte im Ofen (Mitte, Umluft 180°) in 30–40 Min. goldgelb backen. In der Form ganz auskühlen lassen. Die Torte in Alufolie wickeln und kühl stellen. Vor dem Servieren einige Tage durchziehen lassen.

Besonders clever!

Zum Verschenken fürs Fest backen Sie einfach **zwei kleine Torten.** Diese in Zellophan wickeln und in einen hübschen Geschenkkarton verpacken. Mit edlen Seidenbändern verschnüren und verzieren.

Honigkuchen
mit Mandeln, Datteln und Preiselbeeren

aus Russland | *Zubereitung: ca. 45 Min.* | *Backen: ca. 1 Std.* | *Pro Stück: ca. 455 kcal*

Für 1 Kastenform von 20 cm Länge (10 Stück)

150 g flüssiger Honig
50 g Butter
+ Butter für die Form
1 Ei
75 g brauner Rohrzucker
1 TL Zimt
je 1/4 TL gemahlener Kardamom und Muskatblüte (Macis)
150 g entsteinte Datteln
100 g geschälte grob gehackte Mandeln
50 g getrocknete Preiselbeeren
300 g Vollkornmehl
1 TL Backpulver
1/4 TL Natron
6–8 EL Milch

Für die Verzierung:

200 g weiße Schokolade
15 geschälte Mandeln
2 EL getrocknete Preiselbeeren
2 EL Silberperlen

1 Den Honig mit der Butter in einem Topf erhitzen und leicht abkühlen lassen. Den Backofen auf 180° vorheizen, die Backform fetten.

2 Das Ei mit Zucker, Zimt, Kardamom und Muskatblüte dickschaumig aufschlagen. Die Honig-Butter-Mischung einrühren. Die Datteln klein hacken. Mit Mandeln und Preiselbeeren unterrühren. Mehl, Backpulver und Natron mischen. In Portionen auf die Eimasse sieben und unterziehen. Dabei so viel Milch zugeben, bis der Teig schwer vom Löffel fällt.

3 Den Teig in die Form füllen und glatt streichen. Im Ofen (Mitte, Umluft 160°) 50–60 Min. backen, bis an einem in den Kuchen gesteckten Holzstäbchen kein Teig mehr haftet. Den Kuchen leicht abgekühlt aus der Form lösen und auf einem Kuchengitter auskühlen lassen.

4 Für die Verzierung die Schokolade im Wasserbad schmelzen lassen. Die Mandeln längs halbieren. Den Kuchen großzügig mit Schokolade übergießen, bis sie an den Seiten hinunterläuft. Antrocknen lassen. Den Kuchen mit Mandelhälften, Preiselbeeren und Silberkugeln verzieren.

Clever tauschen

Der Kuchen bekommt eine **herbere Note,** wenn Sie ihn statt mit weißer Schokolade mit Edelbitter-Kuvertüre (70 % Kakao) überziehen.

Mini-Variante

Hübsch für Kinder oder zum Verschenken sind **Mini-Kuchen.** Dafür gibt es im Haushaltsfachhandel Spezialformen mit 6 Vertiefungen. Den Teig einfüllen und wie beschrieben ca. 35 Min. backen.

Panforte oriental

aus Siena | *Zubereitung: ca. 45 Min.* | *Backen: ca. 35 Min.* | *Pro Stück: ca. 170 kcal*

Für 1 Springform von 26 cm Ø (20 Stück)

100 g ungesalzene Macadamia-Nüsse
100 g geschälte Mandeln
je 1 Bio-Zitrone und -Orange
je 100 g Orangeat, getrocknete Aprikosen und Feigen
150 g Mehl
150 g weiße Schokolade
80 g Zucker
100 g Honig
je 1 gute Msp. gemahlener Ingwer, Koriander, Nelken und Muskatnuss
1 Prise gemahlener weißer Pfeffer | 3 EL Mandellikör (ersatzweise Orangenlikör)
3 EL Rosenwasser (aus Orientshop oder Apotheke)
Butter für die Form
Puderzucker zum Bestreuen

Außerdem:

1 Obstkuchen-Oblate (ca. 26 cm Ø, ersatzweise 8–10 Oblaten mit 50 mm Ø)

1 Die Nüsse und Mandeln in einer beschichteten Pfanne ohne Fett bei mittlerer Hitze unter Rühren leicht rösten, aber nicht bräunen. Abkühlen lassen, sehr dicke Nüsse halbieren. Die Zitrone und Orange heiß abwaschen, abtrocknen und die Schale dünn abreiben.

2 Die Trockenfrüchte in 1 cm große Würfel schneiden. Mit Nüssen, Mandeln und Mehl in einer Schüssel mischen. Die Schokolade hacken und im Wasserbad schmelzen lassen. Zucker, Honig, Ingwer, Koriander, Nelken, Muskat und Pfeffer unter Rühren erhitzen, bis sich der Zucker löst. Die Zitrusschalen, Likör und Rosenwasser unterrühren.

3 Den Backofen auf 160° vorheizen. Die Backform fetten. Den Boden mit der Oblate und den Rand mit einem Streifen Backpapier belegen. Den Würzhonig, die flüssige Schokolade und die Frucht-Nuss-Masse gut mischen. Die Masse in der Form verteilen und mit einem angefeuchteten Löffelrücken glatt streichen. Im Ofen (Mitte, Umluft 140°) in 25–35 Min. goldbraun backen. Den Kuchen in der Form auskühlen lassen. Vorsichtig herauslösen und dick mit Puderzucker bestreuen.

Clever schenken

Den Kuchen in **16 Tortenstücke** teilen und einzeln als Geschenk verpacken.

Fürs Aroma

Backen Sie das Panforte unbedingt **zeitig vor dem Fest** und wickeln Sie es in Zellophan. So hält es sich mehrere Wochen und wird dabei immer aromatischer. Den reichhaltigen Kuchen in kleinen Stücken zu Espresso oder Dessertwein servieren.

1
2
3

Orangentorte
mit Mascarponecreme

***von Sizilien** | Zubereitung: ca. 1 Std. | Ruhen: 1 Std. | Backen: ca. 40 Min. | Pro Stück: ca. 545 kcal*

Für 1 Springform von 22 cm Ø (12 Stück)

Für den Teig:

150 g weiche Butter
+ Butter für die Form
100 g Puderzucker
4 Eier
1 TL abgeriebene Bio-Orangenschale
80 g Mehl
80 g Speisestärke
2 TL Backpulver

Für Füllung und Verzierung:

2 große Bio-Orangen
2 EL Orangenlikör
4 tagesfrische Eigelbe
60 g Zucker
500 g Mascarpone
200 g Orangenkonfitüre
100 g Mandelblättchen
6 kandierte Orangenscheiben
10 g gehackte Pistazien

Light-Variante

Die Creme statt mit 500 g Mascarpone mit **300 g Mascarpone und 200 g Magerquark** zubereiten. Beides vor dem Unterziehen miteinander verquirlen.

1 Den Backofen auf 180° vorheizen. Den Boden der Backform mit Backpapier belegen, den Rand fetten. Die Butter mit Puderzucker schaumig schlagen. Die Eier einzeln einrühren. Die Orangenschale zugeben. Mehl, Stärke und Backpulver mischen. Auf die Eimasse sieben und unterziehen. Den Teig in die Form füllen und glatt streichen. Im Ofen (Mitte, Umluft 160°) 35–40 Min. backen. Leicht abgekühlt aus der Form lösen und auf ein Kuchengitter stürzen.

2 Für die Füllung 1 Orange heiß abwaschen, trocknen und die Schale dünn abreiben. 1 Orange dick schälen, dabei die weiße Haut mit entfernen (**Bild 1**). Die Filets mit einem scharfen Messer zwischen den Trennhäutchen herausschneiden (**Bild 2**). Mit Likör beträufeln und beiseitestellen. Die Eigelbe mit Zucker dickschaumig aufschlagen. Den Mascarpone in Portionen unterziehen. Die Orangenschale zugeben.

3 Die Orangenfilets abtropfen lassen, den Likör auffangen. Den Kuchen einmal quer durchschneiden. Den unteren Boden mit dem Likör beträufeln und mit einem Drittel der Mascarponecreme bestreichen. Mit den Orangenfilets belegen. Den zweiten Boden auflegen und leicht andrücken.

4 Die Konfitüre erwärmen und die Torte rundum damit bestreichen. Antrocknen lassen. Die Mandelblättchen in einer beschichteten Pfanne ohne Fett goldgelb rösten. Abkühlen lassen. Den Rand der Torte mit einem Drittel der Creme bestreichen und mit Mandelblättchen bestreuen (**Bild 3**).

5 Die übrige Creme mit einem Löffelrücken in Wellen auf die Torte streichen. Die kandierten Orangenscheiben halbieren und auf der Torte zu Blüten legen. Die Blütenmitten mit Pistazien bestreuen. Vor dem Servieren 1 Std. kühl stellen.

Englischer Früchtekuchen

früh backen | *Zubereitung: ca. 1 Std.* | *Ruhen: 1 Woche* | *Backen: ca. 3 Std.* | *Pro Stück: ca. 595 kcal*

Für 1 Springform von 20 cm Ø (12 Stück)

100 g Haselnusskerne
je 50 g getrocknete Datteln, Feigen, Orangeat und Zitronat
75 g Ingwer in Sirup (aus dem Glas)
200 g Rosinen
150 g Korinthen
150 g Zucker
150 g Butter + Fett für die Form
150 ml schwarzer Tee
1 TL Zimt
je 1 Msp. gemahlener Anis, Koriander und Nelken
je 1 Bio-Orange und -Zitrone
225 g Mehl (Type 1050)
2 TL Backpulver
100 g gehackte Mandeln
3 Eier (Größe L)
3 EL brauner Rum

Für die Verzierung:

2 EL Aprikosenkonfitüre
200 g Puderzucker
2 EL Ingwersirup (aus dem Glas)
8 Walnusshälften
8–10 rote Belegkirschen

1 Die Haselnusskerne in einer beschichteten Pfanne rösten, bis sie duften. Jedoch nicht bräunen lassen. Die Nüsse leicht abkühlen lassen, auf ein Küchentuch schütten und die Häutchen abreiben. Datteln, Feigen, Orangeat und Zitronat mittelfein würfeln. Ingwer fein hacken. Die Nüsse, Trockenfrüchte, Ingwer, Rosinen und Korinthen mit Zucker, Butter und Tee langsam aufkochen. Dabei gelegentlich umrühren. Zimt, Anis, Koriander und Nelken unterrühren. Den Herd ausschalten, die Teefrüchte abkühlen lassen.

2 Backofen auf 160° vorheizen. Die Form fetten, mit Backpapier auslegen. Orange und Zitrone heiß waschen, trocknen und die Schale dünn abreiben. Mit Mehl, Backpulver und Mandeln in einer Schüssel mischen. Teefrüchte und Eier unterrühren.

3 Den Teig in die Form füllen und mit angefeuchteten Händen festdrücken. Im Ofen (unten, Umluft 140°) ca. 3 Std. backen. In der Form auskühlen lassen. Die Oberfläche mehrmals mit einem Stäbchen einstechen und mit Rum tränken. Den Kuchen in Alufolie wickeln und mindestens 1 Woche durchziehen lassen.

4 Für die Verzierung die Konfitüre durch ein Sieb streichen und erhitzen. Die Oberfläche damit bestreichen und antrocknen lassen. Puderzucker und Ingwersirup verrühren und den Kuchen damit überziehen. Mit Nüssen und Kirschen verzieren Trocknen lassen. In einer Dose mehrere Wochen haltbar.

Luxusüberzug

Die Kuchenoberfläche dünn mit Konfitüre bestreichen. **200 g Marzipanrohmasse** mit **50 g Puderzucker** mischen und zwischen Frischhaltefolie dünn ausrollen. Einen Kreis (20 cm Ø) ausschneiden und auf den Kuchen legen. Dick mit 150 g flüssiger Edelbitter-Kuvertüre überziehen und wie beschrieben verzieren.

1
2
3

Französische Weihnachtsroulade »Bûche de Noël«

für Geübte | *Zubereitung: ca. 1 Std. 15 Min.* | *Ruhen: 3 Std.* | *Backen: ca. 12 Min.* | *Pro Stück: ca. 360 kcal*

Für 1 Roulade (12 Stück)

Für die Schokoladencreme:

50 g Zartbitterschokolade
250 g weiche Butter
30 g Kakao
2 Eier
3 Eigelbe
170 g Zucker

Für den Teig:

6 Eigelbe
80 g Zucker
1 Prise Salz
abgeriebene Schale von 1/2 Bio-Zitrone
3 Eiweiße
60 g Mehl
20 g Speisestärke

Für die Verzierung:

2 kandierte Orangenscheiben
1/2 Stängel kandierte Angelika
50 g Borkenschokolade

1 Für die Creme die Schokolade im Wasserbad schmelzen lassen. Die Butter mit flüssiger Schokolade und Kakao schaumig schlagen. In einer zweiten Schüssel Eier, Eigelbe und Zucker mit dem Handrührgerät im Wasserbad lauwarm schlagen. In ein kaltes Wasserbad setzen und unter Rühren abkühlen lassen. Den Eischaum unter die Schokocreme ziehen. 30 Min. kühl stellen.

2 Für den Teig Backofen auf 200° vorheizen. Ein Backblech mit Backpapier belegen. Die Eigelbe mit 30 g Zucker, Salz und Zitronenschale dickschaumig aufschlagen. Die Eiweiße sehr steif schlagen. Dabei 50 g Zucker einrieseln lassen. Den Eischaum behutsam unter den Eischnee ziehen. Mehl und Speisestärke darüber sieben und unterheben.

3 Die Biskuitmasse gleichmäßig aufs Blech streichen. Im Ofen (Mitte, Umluft 180°) in 10–12 Min. hellbraun backen. Ein Küchentuch anfeuchten und auf der Arbeitsfläche ausbreiten. Die Biskuitplatte darauf stürzen. Mit einem zweiten angefeuchteten Tuch abdecken und abkühlen lassen. Die Tücher abnehmen, das Backpapier abziehen.

4 Die Schokocreme nochmals durchrühren und die Hälfte auf die Teigplatte streichen (**Bild 1**). Von der Längsseite her aufrollen (**Bild 2**). Mit der restlichen Creme bestreichen. Die Enden glatt schneiden. Mit einer Gabel oder einem Garnierkamm längs ein Wellenmuster einritzen (**Bild 3**). 2–3 Std. kühl stellen. Die Roulade auf eine Kuchenplatte setzen.

5 Für die Verzierung Orangenscheiben halbieren, Angelika in feine Streifen schneiden. Die Roulade mit den Orangenhälften, Angelikastreifen und der Borkenschokolade garnieren.

Mohnstollen

raffiniert | *Zubereitung: ca. 45 Min.* | *Ruhen: 1 Std. 20 Min.* | *Backen: ca. 45 Min.* | *Pro Stück: ca. 105 kcal*

Für 2 Stollen (je 18 Stück)

600 g Mehl (Type 1050) + Mehl zum Arbeiten
1 Würfel Hefe (42 g) | 250 ml + 200 ml lauwarme Milch | 125 g + 30 g weiche Butter
100 g Zucker | 1 Päckchen Vanillezucker
1 Ei | 125 g gemahlener Mohn
50 g Marzipanrohmasse | 1 Bio-Zitrone
75 g Cranberrys | Puderzucker

1 Das Mehl in eine Schüssel sieben. Die Hefe in 250 ml Milch auflösen. Mit 125 g Butter, Zucker, Vanillezucker und Ei zum Mehl geben. Alles zu einem geschmeidigen Teig verkneten. Zugedeckt an einem warmen Ort 1 Std. gehen lassen.

2 200 ml Milch und Mohn aufkochen, 2 Min. quellen lassen. Marzipan fein zerdrücken. Zitrone heiß waschen, trocknen, Schale dünn abreiben. Mit Marzipan und Cranberrys unter den Mohn rühren.

3 Ein Blech mit Backpapier belegen. Teig durchkneten und halbieren. Hälften rechteckig (ca. 30 x 40 cm) ausrollen. Jeweils mit der Hälfte der Mohnmasse bestreichen, einen Rand lassen. Längsseiten übereinanderschlagen. Die Stollen auf dem Blech 20 Min. gehen lassen.

4 Backofen auf 180° vorheizen. Die Stollen im Ofen (Mitte, Umluft 160°) 30–45 Min. backen. 30 g Butter schmelzen. Auf die Stollen streichen, dick mit Puderzucker bestreuen.

Schokoladenkuchen

aus Italien | *Zubereitung: ca. 45 Min.* *Backen: ca. 1 Std. 30 Min.* | *Pro Stück: ca. 260 kcal*

Für 2 Sternformen von 1,45 l Inhalt (je 12 Stück)

125 g getrocknete Kirschen | 75 ml Mandellikör
300 g Edelbitter-Kuvertüre (70 % Kakao)
50 g Walnusskerne | 50 g + 2 EL Pinienkerne
125 g weiche Butter + Butter für die Form
150 g Zucker | 1 Prise Salz | 4 Eier (Größe L)
250 g Ricotta | 50 g Sahne | 350 g Mehl
1 Päckchen Backpulver | 8 Walnusshälften
8 Amarena-Kirschen (aus dem Glas)

1 Die Kirschen mit Likör aufkochen, bis die Flüssigkeit verdampft ist. 150 g Kuvertüre fein raspeln. Nüsse grob hacken. Kuvertüre, Nüsse und 50 g Pinienkerne mischen.

2 Butter mit Zucker und Salz schaumig schlagen. Eier einzeln einrühren. Ricotta und Sahne unterrühren. Die Schoko-Nuss-Mischung unterziehen. Mehl und Backpulver mischen, auf die Eimasse sieben und unterheben.

3 Den Backofen auf 180° vorheizen. Die Backform fetten und dünn mit Mehl ausstreuen. Den Teig einfüllen. Im Ofen (Mitte, Umluft 160°) 40 Min. backen. Mit Alufolie abdecken und 50 Min. weiterbacken.

4 Den Kuchen leicht abgekühlt auf ein Kuchengitter stürzen. 150 g Kuvertüre schmelzen und den Kuchen damit überziehen. Mit 2 EL Pinienkernen, Nusshälften und Kirschen garnieren.

oben: Schokoladenkuchen | unten: Mohnstollen

Basiliusbrot

echt griechisch | *Zubereitung: ca. 40 Min.* | *Ruhen: 1 Std. 30 Min.* | *Backen: ca. 40 Min.* | *Pro Stück: ca. 225 kcal*

Für 1 Springform von 28 cm Ø (16 Stück)

100 g Butter + Butter für die Form | 1 Bio-Orange
500 g Mehl + Mehl zum Arbeiten | 1 Würfel Hefe (42 g)
3 Eier | 100 g Zucker
1 Prise Salz | 1 TL gemahlener Anis | 1 Eigelb
50 g Sesamsamen
8–10 geschälte Mandeln

Überraschung!

Traditionell wird dieses Brot in Griechenland zum Neujahrstag gebacken. Beim Kneten wird eine **Münze im Teig** versteckt. Wer sie findet, soll im neuen Jahr besonders glücklich werden.

1 Die Butter schmelzen und abkühlen lassen. Die Orange heiß abwaschen, abtrocknen und die Schale dünn abreiben. Das Mehl in eine Schüssel sieben und in die Mitte eine Vertiefung drücken. Die Hefe zerbröseln und in 6 EL warmem Wasser auflösen. In die Vertiefung gießen und mit etwas Mehl verrühren. Die Eier mit Zucker, Salz, Anis und der Orangenschale verquirlen. Zum Mehl gießen. Alles zu einem weichen Teig verkneten. Zugedeckt an einem warmen Ort 1 Std. gehen lassen.

2 Backofen auf 180° vorheizen. Die Backform fetten. Den Teig auf der bemehlten Arbeitsfläche durchkneten. In die Form legen. Das Eigelb mit 1 EL Wasser verquirlen. Den Teig damit bestreichen und mit Sesam bestreuen. Die Mandeln längs halbieren und auf dem Brot zu einem Kreuz legen.

3 Das Brot nochmals 30 Min. gehen lassen. Im Ofen (Mitte, Umluft 160°) 30–40 Min. backen. Leicht abgekühlt aus der Form lösen, auf einem Kuchengitter auskühlen lassen.

Dreikönigskranz

***aus Spanien** | Zubereitung: ca. 30 Min. | Ruhen: 1 Std. 45 Min. | Backen: ca. 35 Min. | Pro Stück: ca. 205 kcal*

Für 1 Kranzform von 26 cm Ø (16 Stück)

50 g Butter + Butter für die Form
1/2 Würfel Hefe (21 g)
50 g Zucker
100 ml lauwarme Milch
400 g Mehl + Mehl zum Arbeiten
1/2 TL Salz
je 1 TL abgeriebene Bio-Orangen- und -Zitronenschale
2 Eier | 2 EL Rum
3 EL Orangenblütenwasser
1 TL Öl | 100 g Puderzucker
140 g gemischte kandierte Früchte
60 g kandierte Kirschen
25 g Mandelblättchen

1 Butter schmelzen. Hefe und Zucker in der Milch auflösen. Mehl in eine Schüssel sieben, mit Salz bestreuen. Mit Hefemilch, Zitrusschalen, Eier, Rum und 2 EL Orangenblütenwasser zu einem weichen Teig verkneten. Eine Schüssel mit Öl ausstreichen. Teig darin zugedeckt 1 Std. gehen lassen.

2 Backform fetten. Den Teig durchkneten, zur Rolle formen und in die Form legen. Den Kranz 45 Min. gehen lassen.

3 Backofen auf 180° vorheizen. Kranz im Ofen (Mitte, Umluft 160°) 30–35 Min. backen. Leicht abgekühlt auf ein Kuchengitter setzen. Puderzucker und 1 EL Orangenblütenwasser verrühren, den Kranz damit überziehen. Mit kandierten Früchten und Mandelblättchen verzieren.

Königin oder König für einen Tag

In Spanien versteckt man die **»Habas«,** ein Porzellanfigürchen, im Teig. Wer sie findet, ist an diesem Tag Königin oder König.

Raffiniertes zum Verschenken

Als ganz persönliches Geschenk ist Selbstgebackenes unübertroffen – gerade bei Freunden, die schon alles haben.

Für ca. 60 Stück

200 g Mokkaschokolade
350 g Mehl
3 EL Kakao
1/2 TL Instant-Kaffeepulver
125 g Zucker
250 g weiche Butter | 1 Ei
65 g gemahlene Haselnüsse

Mokkabrezeln

ratzfatz gemacht | *im Bild links* | *Zubereitung: ca. 20 Min.* *Ruhen: 30 Min.* | *Backen: ca. 15 Min.* | *Pro Brezel: ca. 85 kcal*

1 Die Schokolade fein reiben. Mit Mehl, 1 EL Kakao, Kaffeepulver, Zucker, Butter, Ei und Nüssen mit den Knethaken des Handrührgeräts zu einem geschmeidigen Teig verkneten. Den Teig zu 3 Rollen (4 cm Ø) formen. In Frischhaltefolie wickeln und 30 Min. kühl stellen.

2 Den Backofen auf 200° vorheizen. Zwei Backbleche mit Backpapier belegen. Die Rollen in 1 cm dicke Scheiben schneiden. Daraus ca. 15 cm lange Stränge rollen. Zu Brezeln schlingen und aufs Blech legen.

3 Die Brezeln im Ofen (Mitte, Umluft 180°) ca. 15 Min. backen. Mit dem Papier vom Blech ziehen und abkühlen lassen. Mit 2 EL Kakao bestäuben.

1
2
3

Tropische Spitzbuben-Sterne

dekorativ aufgepeppt | *Zubereitung: ca. 1 Std. 15 Min.* | *Ruhen: 1 Std.* | *Backen: ca. 12 Min.*
Pro Stück: ca. 70 kcal

Für ca. 40 Stück

100 g Butter
100 g feste Kokosnuss-Creme (aus dem Asienladen)
1 Bio-Limette
300 g Mehl
100 g Puderzucker
1 Prise Salz | 1 Ei
ca. 80 g Ananaskonfitüre
1 EL weißer Rum
3 EL Kokosraspel

Außerdem:

je 1 Stern-Ausstechförmchen mit 7,5 und 4 cm Ø

1 Butter mit der Kokosnuss-Creme erwärmen. Mit einer Gabel durchrühren und alle Klümpchen zerdrücken. Limette heiß abwaschen, abtrocknen und die Schale dünn abreiben.

2 Mehl und Puderzucker in eine große Schüssel sieben. In die Mitte eine Vertiefung drücken. Die Kokosbutter, Limettenschale, Salz und Ei hineingeben. Alles zu einem festen Teig verkneten. Den Teig zu einer Kugel formen, in Frischhaltefolie wickeln und 1 Std. kühl stellen.

3 Backofen auf 180° vorheizen. Zwei Backbleche mit Backpapier belegen. Den Teig halbieren. Jede Portion zwischen Frischhaltefolie 3 mm dick ausrollen und große Sterne ausstechen (**Bild 1**). Bei der Hälfte der Sterne in der Mitte kleine Sterne ausstechen (**Bild 2**). Plätzchen ohne und mit Mittelstern aufs Blech legen. Teigreste verkneten und weitere Sterne ausstechen. Die Plätzchen im Ofen (Mitte, Umluft 160°) 10–12 Min. backen, bis sich die Ränder leicht färben.

4 Die Konfitüre mit Rum in einem kleinen Topf mischen und bei mittlerer Hitze etwas einkochen lassen. Die Plätzchen ohne Mittelstern mit Konfitüre bepinseln (**Bild 3**). Je 1 Plätzchen mit Mittelstern darauflegen, dabei die Zacken versetzen. Leicht andrücken und die Mitte mit Kokosraspeln bestreuen. Auf einem Kuchengitter trocknen lassen.

Klassische Variante

Für **traditionelle Spitzbuben** den Teig statt mit Kokoscreme und Butter nur mit 200 g Butter zubereiten. Die Plätzchen mit einem Ausstechförmchen mit großem Wellenrand und mit einem kleinen Lochausstecher ausstechen. Mit Johannisbeerkonfitüre (ersatzweise Himbeerkonfitüre) bestreichen.

Baumkuchen-Ecken
mit Weihnachtsgewürzen

goldig | *Zubereitung: ca. 2 Std.* | *Backen: ca. 40 Min.* | *Pro Ecke: ca. 130 kcal*

Für 1 Springform von 26 cm Ø (ca. 40 Stück)

250 g Butter + Butter für die Form | 1 Vanilleschote
6 Eier | 200 g heller Rohrzucker | 8–10 EL Milch
250 g Mehl (Type 1050) + Mehl für die Form
1 Prise Salz | je 2 TL gemahlener Koriander und Zimt
je 1/2 TL gemahlener Kardamom und Piment
5 cl Rum

Für die Verzierung:

150 g Edelbitter-Kuvertüre (70 % Kakao)
Blattgold (s. S. 11, ersatzweise Gold- und Silberperlen)
30 g Pistazienkerne

Außerdem:

40 Papiermanschetten (5 cm Ø)

Clever schenken

In der Papeterie **goldfarbene Faltschachteln** besorgen und das Gebäck in den Papiermanschetten nebeneinander hineinsetzen. Die Schachtel dekorativ verschnüren.

1 Die Butter schmelzen und abkühlen lassen. Die Vanilleschote längs aufschlitzen und das Mark herausschaben. Die Eier trennen. Den Backofen auf 200° vorheizen. Die Backform fetten und dünn mit Mehl ausstreuen.

2 Die Eigelbe mit dem Vanillemark und Zucker dickschaumig aufschlagen, bis sich der Zucker löst. Die Butter und die Milch einrühren. Das Mehl darübersieben. Die Eiweiße mit Salz cremig schlagen. Ein Drittel des Eischnees auf das Mehl geben. Beides behutsam unterziehen. Den restlichen Eischnee unterheben. Den Teig halbieren. Unter eine Hälfte Koriander, Zimt, Kardamom und Piment ziehen.

3 1 Saucenkelle Würzteig auf dem Boden der Form verstreichen. Im Ofen (Mitte, Umluft 180°) 5–7 Min. backen, bis die Teigschicht fest wird. Die Temperatur auf 250° erhöhen. Eine dünne Schicht hellen Teig mit dem Backpinsel auf die gebackene Schicht streichen. Im Ofen (oben, Umluft 230°) 3–5 Min. backen. Diesen Vorgang so lange wiederholen, bis beide Teige aufgebraucht sind.

4 Den Kuchen leicht abgekühlt aus der Form lösen und auf ein Kuchengitter stürzen. Mit Rum beträufeln und abkühlen lassen. Den Kuchen in 10 Tortenstücke schneiden. Diese jeweils in 4 Dreiecke teilen.

5 Für die Verzierung die Kuvertüre im Wasserbad schmelzen lassen und jedes Dreieck großzügig damit überziehen. Mit Blattgold und Pistazien belegen. Trocknen lassen. Die Dreiecke in Papiermanschetten setzen.

Stollen-Happen

***rechtzeitig backen** | Zubereitung: ca. 1 Std. 30 Min. | Ruhen: 2 Std. | Backen: ca. 50 Min. | Pro Stück: ca. 120 kcal*

Für ca. 65 Stück

250 g Butter
750 g Mehl
100 g Zucker
1 Würfel Hefe (42 g)
250 ml lauwarme Milch
250 g Sultaninen
150 ml Rum
je 50 g Zitronat und Orangeat
1 Bio-Zitrone
125 g Korinthen
100 g geschälte gemahlene Mandeln
je 1/2 TL Salz und Zimt
je 1 gute Msp. gemahlener Kardamom und Muskatnuss
1 Päckchen Vanillezucker
1 Ei

Für die Verzierung:

50 g Butter
50 g Puderzucker
1 Päckchen Vanillezucker

Luxus-Variante

Für **Happen mit Marzipanherz** in die Teigstücke mit einem Kochlöffelstiel ein Loch drücken. Je 1 Kugel aus Marzipanrohmasse hineinstecken und den Teig darüberziehen. Die Happen mit der Nahtstelle nach unten aufs Blech legen und wie beschrieben backen.

1 Die Butter schmelzen und abkühlen lassen. Das Mehl in eine große Schüssel sieben und den Zucker daraufstreuen. In die Mitte eine Vertiefung drücken. Die Hefe zerbröseln und in der Milch auflösen. In die Vertiefung gießen und zugedeckt an einem warmen Ort ca. 30 Min. gehen lassen.

2 Die Sultaninen im Rum einweichen. Zitronat und Orangeat fein hacken. Die Zitrone heiß abwaschen, abtrocknen und die Schale dünn abreiben. Mit Fruchtwürfelchen, Korinthen, Mandeln, Salz, Zimt, Kardamom, Muskat und Vanillezucker mischen. Beiseitestellen. Den Hefeansatz mit dem Mehl, der Butter und dem Ei verrühren. Alles auf der bemehlten Arbeitsfläche zu einem geschmeidigen Teig verkneten. Den Teig zugedeckt an einem warmen Ort 1 Std. gehen lassen.

3 Die Rumrosinen abtropfen lassen. Unter die Frucht-Mandel-Mischung mischen (den Rum anderweitig verwenden). Den Teig auf der bemehlten Arbeitsfläche nochmals gut durchkneten. Etwas flach drücken, die Frucht-Mandel-Mischung darauf verteilen und unterkneten.

4 Zwei Backbleche mit Backpapier belegen. Den Teig zu einer ca. 50 cm langen Rolle formen und halbieren. Jede Hälfte in 16 Stücke schneiden, diese wieder halbieren. Die Teigstücke oval formen und aufs Blech legen. Zugedeckt 30 Min. gehen lassen. Den Backofen auf 180° vorheizen. Die Happen im Ofen (Mitte, Umluft 160°) in 40–50 Min. zartbraun backen.

5 Für die Verzierung die Butter schmelzen lassen. Puderzucker und Vanillezucker mischen. Die noch heißen Stollenhappen rundum mit Butter bepinseln und mit Zucker bestreuen. Auskühlen lassen und in Zellophan wickeln.

Walnussplätzchen

schnell gemacht | *Zubereitung: ca. 30 Min.*
Backen: ca. 18 Min. | *Pro Portion: ca. 70 kcal*

Für ca. 50 Stück

2 Eier (Größe L) | 150 g Zucker
200 g Mehl (Type 1050) + Mehl zum Arbeiten
200 g gemahlene Walnüsse | je 1 gute
Msp. geriebene Muskatnuss und Zimt

Für die Verzierung:

75 g Schokoladenglasur (Fertigprodukt)
50 Walnusshälften

1 Eier und Zucker mit den Quirlen des Handrührgeräts auf höchster Stufe 5 Min. dickschaumig aufschlagen. Das Mehl in eine Schüssel sieben. Nüsse, Muskat und Zimt untermischen. Die Mehlmischung behutsam unter den Eischaum ziehen.

2 Backofen auf 180° vorheizen. Zwei Backbleche mit Backpapier belegen. Mit einem Teelöffel walnussgroße Teighäufchen aufs Blech setzen. Leicht flach drücken. Im Ofen (Mitte, Umluft 160°) 15–18 Min. backen. Mit dem Papier vom Blech ziehen und abkühlen lassen.

3 Für die Verzierung die Schokoglasur nach Packungsangabe erwärmen. Die Plätzchen mit der Oberfläche hineintauchen. Je 1 Walnusshälfte auflegen und trocknen lassen.

Clever verzieren

Sehr hübsch: Einen Teil der Plätzchen in **weiße Glasur** tauchen und mit **dunklen Schokochips** bestreuen.

Florentiner Schnitten

Klassiker | *Zubereitung: ca. 1 Std.*
Backen: ca. 22 Min. | *Pro Stück: ca. 85 kcal*

Für ca. 50 Stück

3 Eiweiße | 160 g Zucker | 120 g geschälte gemahlene Mandeln | 150 g gemischte kandierte Südfrüchte (Ananas, Orangeat, Mango)
30 g kandierte Kirschen | 60 g Sahne
20 g kalte Butter | 80 g Honig
100 g Mandelblättchen | 100 g Pinienkerne
100 g Edelbitter-Kuvertüre (70 % Kakao)

1 Backofen auf 180° vorheizen. Ein Backblech mit Backpapier belegen. Eiweiße mit 60 g Zucker zu cremigem Schnee schlagen. Mandeln vorsichtig unterheben. Den Mandelschnee aufs Blech streichen und im Ofen (Mitte, Umluft 160°) 10 Min. backen.

2 Die kandierten Früchte fein hacken. Sahne mit 100 g Zucker, Butter und Honig unter Rühren aufkochen und in ca. 5 Min. dickflüssig einkochen lassen. Vom Herd nehmen. Mandelblättchen, Pinienkerne und die Fruchtwürfelchen unterrühren. Die Masse auf den Boden streichen.

3 Die Backofentemperatur auf 200° erhöhen und den Kuchen (Mitte, Umluft 180°) 10–12 Min. backen. Etwas abkühlen lassen und in Quadrate (ca. 4 x 4 cm) schneiden. Auf ein Kuchengitter setzen. Die Kuvertüre im Wasserbad schmelzen lassen und die Unterseite der Schnitten damit bestreichen. Umgedreht trocknen lassen.

links: Florentiner Schnitten | rechts: Walnussplätzchen

Gefüllte Dattelplätzchen

orientalisch | *Zubereitung: ca. 1 Std.* | *Ruhen: 30 Min.* | *Backen: ca. 30 Min.* | *Pro Stück: ca. 120 kcal*

Für 16 Stück

100 g Butter
20 g brauner Zucker
1 Prise Salz
175 g Mehl (Type 1050)
+ Mehl zum Arbeiten
3 EL Rosenwasser

Für die Füllung:

150 g getrocknete entsteinte Datteln
20 g Butter | 4 EL Rosenwasser

Zuckerguss mit Rosenduft

Wer's noch rosiger möchte, überzieht die gebackenen Plätzchen mit einem Guss aus **100 g Puderzucker** und **1 EL Rosenwasser.**

1 Die Butter schmelzen und abkühlen lassen. Mit Zucker, Salz, Mehl und Rosenwasser zu einem geschmeidigen Teig verkneten. Den Teig zu einer Kugel formen, in Frischhaltefolie wickeln und 30 Min. kühl stellen.

2 Für die Füllung die Datteln sehr fein hacken. Die Butter in einer Pfanne erhitzen und die Datteln darin unter Rühren 3 Min. braten. Das Rosenwasser einrühren und die Fruchtmasse in 1–2 Min. sämig einkochen.

3 Backofen auf 180° vorheizen. Ein Backblech mit Backpapier belegen. Den Teig in 16 Stücke teilen und auf bemehlter Arbeitsfläche zu Kreisen (ca. 9 cm Ø) ausrollen. Jeweils etwas Füllung in die Mitte geben. Die Ränder darüberklappen und ein rundes Gebäckstück formen. Nahtstellen gut andrücken.

4 Die Plätzchen mit der Nahtstelle nach unten aufs Blech setzen. Mit einer Gabel ein Gittermuster eindrücken. Im Ofen (Mitte, Umluft 160°) in 25–30 Min. goldgelb backen. Mit dem Papier vom Blech ziehen, auskühlen lassen.

Nugat-Herzen

aufwendig | *Zubereitung: ca. 45 Min.* | *Ruhen: 2 Std.* | *Backen: ca. 12 Min.* | *Pro Stück: ca. 65 kcal*

Für ca. 70 Stück

250 g weiche Butter
100 g Puderzucker
1 Eigelb (von 1 Ei Größe L)
1 Prise Salz
abgeriebene Schale
von 1/2 Bio-Orange
375 g Mehl
200 g Nugat
Puderzucker zum Bestreuen

Außerdem:

Herz-Ausstechförmchen

1 Die Butter mit Puderzucker, Eigelb, Salz und der Orangenschale schaumig schlagen. Das Mehl in Portionen auf die Eiercreme sieben. Erst unterrühren, dann unterkneten. Den Teig zu einer Kugel formen, in Frischhaltefolie wickeln und 2 Std. kühl stellen.

2 Den Backofen auf 180° vorheizen. Zwei Bleche mit Backpapier belegen. Den Teig halbieren. Jede Portion zwischen Frischhaltefolie 3–4 mm dick ausrollen und Herzen ausstechen. Mit 3 cm Abstand aufs Blech legen. Im Ofen (Mitte, Umluft 160°) in 10–12 Min. zartbraun backen.

3 Den Nugat in Stücke schneiden. Im Wasserbad weich, aber nicht flüssig werden lassen. Je 2 Herzen damit zusammensetzen. Trocknen lassen und mit Puderzucker bestreuen.

Schokoladensterne mit rosa Pfeffer

exklusiv | *Zubereitung: ca. 1 Std.* | *Ruhen: 30 Min.* *Backen: ca. 12 Min.* | *Pro Stück: ca. 45 kcal*

Für ca. 70 Stück

300 g Mehl + Mehl zum Arbeiten
1/2 TL Backpulver | 50 g Kakao
150 g Butter | 50 g Marzipanrohmasse
100 g Puderzucker | 1 Päckchen Vanillezucker
1 Prise Salz | 1 Msp. geriebene Muskatnuss
1 TL abgeriebene Bio-Orangenschale | 1 Ei

Für die Verzierung:

200 g weiße Kuvertüre
ca. 4 EL getrocknete rosa Pfefferbeeren

1 Mehl, Backpulver und Kakao in eine Schüssel sieben. Mit Butter, Marzipan, Puderzucker, Vanillezucker, Salz, Muskat, Orangenschale und Ei zu einem glatten Teig verkneten. Den Teig zu einer Kugel formen, in Frischhaltefolie wickeln und 30 Min. kühl stellen.

2 Backofen auf 180° vorheizen. Zwei Backbleche mit Backpapier belegen. Den Teig halbieren und zwischen Frischhaltefolie 3 mm dick ausrollen. Sterne ausstechen und aufs Blech legen. Im Ofen (Mitte, Umluft 160°) ca. 12 Min. backen. Mit dem Papier vom Blech ziehen und auskühlen lassen.

3 Die Kuvertüre im Wasserbad schmelzen lassen und die Sterne dick damit überziehen. Antrocknen lassen und je 2–3 Pfefferbeeren in die Mitte legen, trocknen lassen.

Orangenblätter

fruchtig | *Zubereitung: ca. 45 Min.* | *Ruhen: 2 Std.* *Backen: ca. 20 Min.* | *Pro Stück: ca. 35 kcal*

Für ca. 100 Stück

40 g Orangeat | 2 Bio-Orangen | 300 g Mehl (Type 1050) | 50 g geschälte gemahlene Mandeln | 200 g kalte Butter | 100 g Puderzucker | 1 Päckchen Vanillezucker | 1 Prise Salz | 1 Ei | 3–4 EL Orangenlikör (ersatzweise Orangensaft) | 150 g Orangenkonfitüre
50 g Halbbitter-Kuvertüre (50 % Kakao)
6 kandierte Orangenscheiben

Außerdem:

ovale Ausstechförmchen

1 Orangeat sehr fein hacken. Orangen heiß abwaschen, abtrocknen, Schale dünn abreiben. Mehl in eine Schüssel sieben. Mit Mandeln, Butter, Puderzucker, Vanillezucker, Salz, Ei, Likör, Orangeat zu einem glatten Teig verkneten. Zu einer Kugel formen und in Frischhaltefolie 2 Std. kühl stellen.

2 Backofen auf 160° vorheizen. Zwei Bleche mit Backpapier belegen. Teig halbieren und zwischen Folie 3 mm dick ausrollen. Ovale ausstechen, mit 2 cm Abstand aufs Blech legen. Im Ofen (Mitte, Umluft 140°) in 15–20 Min. zartbraun backen. Abkühlen lassen.

3 Konfitüre erwärmen. Dünn auf die Plätzchen streichen. Kuvertüre im Wasserbad schmelzen. Kandierte Orangen in Streifen schneiden. Plätzchen mit Kuvertüre überziehen und mit Orangenstreifen belegen.

oben: Schokosterne | unten: Orangenblätter

1

2

3

Sacher-Würfel

***für Mußestunden** | Zubereitung: ca. 1 Std. 30 Min. | Backen: ca. 1 Std. 10 Min. | Pro Stück: ca. 170 kcal*

Für 1 Springform von 28 cm Ø (40 Stück)

150 g Edelbitter-Kuvertüre (70 % Kakao)
7 Eier
100 g Zucker + Zucker zum Arbeiten
150 g weiche Butter
50 g Puderzucker
150 g Mehl
1 Prise Salz
300 g Orangengelee

Für die Schneekristalle:

150 g weiße Kuvertüre

Für die Verzierung:

300 g Edelbitter-Kuvertüre (70 % Kakao)
Goldperlen

1 Backofen auf 140° vorheizen. Den Boden der Backform mit Backpapier belegen. Die Kuvertüre im Wasserbad schmelzen und auf Raumtemperatur abkühlen lassen. Eier trennen. Die Eiweiße mit Zucker zu cremigem Schnee schlagen. Die Butter mit Puderzucker und der flüssigen Kuvertüre schaumig schlagen. Die Eigelbe einzeln unterrühren. Ein Drittel vom Eischnee unter die Schokomasse ziehen, dann den Rest unterheben. Das Mehl auf die Eimasse sieben und mit dem Salz unterheben.

2 Den Teig in die Form füllen. Im Ofen (unten, Umluft 120°) 10 Min. backen. Die Ofentemperatur auf 160° (Umluft 140°) erhöhen und den Kuchen weitere 50–60 Min. backen. Leicht abgekühlt aus der Form lösen und auf ein leicht gezuckertes Backpapier stürzen.

3 Für die Schneekristalle die weiße Kuvertüre im Wasserbad schmelzen lassen (**Bild 1**). Schneekristalle auf Backpapier zeichnen. Das Papier wenden. Die Kuvertüre in einen Gefrierbeutel füllen und eine feine Ecke abschneiden. Nach der Vorlage Schneekristalle aufs Papier spritzen und trocknen lassen (**Bild 2**).

4 Die Oberfläche des Sacherbodens mit einem Messer begradigen. Den Boden einmal quer durchschneiden. Den unteren Boden auf ein Kuchengitter setzen. Gelee durch ein Sieb streichen. Ein Drittel auf den unteren Boden streichen, den oberen auflegen. Restliches Gelee etwas einkochen lassen. Die Torte rundum damit bestreichen. Antrocknen lassen.

5 Für die Verzierung die Kuvertüre in Stücke brechen und im Wasserbad schmelzen lassen. Die Torte in Quadrate (ca. 5 x 5 cm) schneiden und großzügig mit der Kuvertüre überziehen (**Bild 3**). Die Würfel trocknen lassen und mit Schneekristallen und Goldperlen belegen.

Deko-Variante

Ihnen ist die Herstellung der Schneekristalle zu kniffelig? Dann verzieren Sie die Sacherwürfel doch einfach mit **kandierten Veilchen** und **Silberperlen.**

Mini-Panettone

*»**originale**«* | *Zubereitung: ca. 45 Min.* | *Ruhen: ca. 1 Std. 40 Min.* | *Backen: ca. 30 Min.* | *Pro Stück: ca. 770 kcal*

Für 8 Stück

600 g Mehl (Type 1050)
+ Mehl zum Arbeiten
1 Würfel Hefe (42 g)
250 ml lauwarme Milch
200 g Butter
+ Butter für die Förmchen
100 g Zucker
1 Prise Salz
je 1 TL abgeriebene Bio-Zitronen- und -Orangenschale
1 Msp. geriebene Muskatnuss
6 Eigelbe
je 100 g Orangeat und Zitronat
150 g Sultaninen
80 g gehäutete gehackte Mandeln
Puderzucker zum Bestreuen

Außerdem:

8 Portionsförmchen (à 170 ml Inhalt, z. B. Crème-Caramel-Förmchen)

1 Das Mehl in eine Schüssel sieben und in die Mitte eine Vertiefung drücken. Die Hefe zerbröseln und in der Milch auflösen. In die Vertiefung gießen und mit etwas Mehl vom Rand verrühren. Zugedeckt an einem warmen Ort 20 Min. gehen lassen.

2 Die Butter schmelzen und abkühlen lassen. Mit Zucker, Salz, Zitrusschalen, Muskat und Eigelben dickschaumig aufschlagen. Den Eischaum zum Hefeansatz gießen und alles zu einem weichen Teig verkneten. Den Teig zugedeckt an einem warmen Ort 30 Min. gehen lassen.

3 Zitronat und Orangeat fein hacken. Den Teig nochmals auf der bemehlten Arbeitsfläche durchkneten. Dabei die Fruchtwürfelchen und die Sultaninen unterkneten. Nochmals zugedeckt 30 Min gehen lassen. Die Förmchen fetten. Den Teig in 8 Portionen teilen und in die Förmchen setzen. Erneut 20 Min. gehen lassen.

4 Den Backofen auf 180° vorheizen. Die Panettone im Ofen (Mitte, Umluft 160°) 20–30 Min. backen. Leicht abgekühlt aus den Förmchen lösen und vorsichtig auf ein Kuchengitter stürzen. Auskühlen lassen. Dick mit Puderzucker bestreuen und einzeln in Zellophan verpacken. Mit bunten Schleifen verschnüren.

Panettone ganz groß

Die Teigmenge reicht auch für einen **großen Panettone.** Wer keine Panettone-Form besitzt, setzt den Teig einfach in einen hohen, hitzebeständigen Topf (15 cm Ø) oder in einen Tortenring (20 cm Ø) mit doppelt gefalteter, gefetteter Alufolie um den Rand. Wie beschrieben 45–50 Min. backen.

1
2
3

Biskuit-Schoko-Würfel

mit Pecannüssen

für Geübte | *Zubereitung: ca. 1 Std.* | *Backen: ca. 17 Min.* | *Pro Stück: ca. 70 kcal*

Für ca. 90 Stück

100 g Edelbitter-Kuvertüre (70 % Kakao)
50 g Butter + Butter fürs Blech
150 g Pecannüsse | 5 Eier
150 g hellbrauner Rohrzucker
250 g Mehl

Für die Verzierung:

150 g Edelbitter-Kuvertüre (70 % Kakao)
100 g Puderzucker
1 EL weiche Butter
150 g Pecannüsse

Außerdem:

90 Papiermanschetten (5 cm Ø)

1 Die Kuvertüre in Stücke brechen. Mit der Butter über dem Wasserbad schmelzen und leicht abkühlen lassen. Die Pecannüsse fein mahlen. Den Backofen auf 180° vorheizen. Ein Backblech fetten und mit Backpapier belegen.

2 Die Eier mit Zucker in ca. 5 Min. dickschaumig aufschlagen. Die flüssige Kuvertüre unterrühren. Das Mehl auf den Eischaum sieben und die Nüsse daraufstreuen. Alles behutsam unterheben. Die Biskuitmasse gleichmäßig aufs Blech streichen. Im Ofen (Mitte, Umluft 160°) 15–17 Min. backen. Leicht abkühlen lassen.

3 Für die Verzierung die Kuvertüre im Wasserbad schmelzen lassen. Den Puderzucker sieben und mit der Butter unterrühren. Die Glasur mit einem breiten Pinsel gleichmäßig in eine Richtung auf die Biskuitplatte streichen (**Bild 1**). Antrocknen lassen.

4 Den Kuchen mit einem Messer in Quadrate (ca. 4 x 4 cm) schneiden (**Bild 2**). Das Messer dabei immer wieder in heißes Wasser tauchen. Die Pecannüsse längs halbieren. Auf jeden Würfel 1 Nusshälfte setzen (**Bild 3**). Gut trocknen lassen. Die Würfel vorsichtig vom Blech lösen und in Papiermanschetten setzen.

Besonders clever!

Die Schokowürfel wie Pralinen in **goldfarbene Papiermanschetten** setzen und in einer weihnachtlichen Schachtel verschenken.

Süßer Auftakt für die Adventszeit 20

Weihnachtsplätzchen aus ganz Europa 42

Christmas-Hits – Raffiniertes aus der Weihnachtsbäckerei 64

Weihnachtskuchen im Festgewand 84

Raffiniertes zum Verschenken 102

Liebe Leserin und lieber Leser,

wir freuen uns, dass Sie sich für ein GU-Buch entschieden haben. Mit Ihrem Kauf setzen Sie auf die Qualität, Kompetenz und Aktualität unserer Ratgeber. Dafür sagen wir Danke! Wir wollen als führender Ratgeberverlag noch besser werden. Daher ist uns Ihre Meinung wichtig. Bitte senden Sie uns Ihre Anregungen, Ihre Kritik oder Ihr Lob zu unseren Büchern. Haben Sie Fragen, oder benötigen Sie weiteren Rat zum Thema? Wir freuen uns auf Ihre Nachricht!

GRÄFE UND UNZER VERLAG

Leserservice
Postfach 86 03 13
81630 München

Wir sind für Sie da!

Montag–Donnerstag: 8.00–18.00 Uhr
Freitag: 8.00–16.00 Uhr

Tel.: 0180 - 5 00 50 54*
Fax: 0180 - 5 01 20 54*

*(0,14 €/Min. aus dem dt. Festnetz)

E-Mail: leserservice@graefe-und-unzer.de

Wollen Sie noch mehr Aktuelles von GU erfahren, dann abonnieren Sie doch unseren kostenlosen GU-Online-Newsletter und/oder unsere kostenlosen Kundenmagazine.

Unsere Garantie

Alle Informationen in diesem Ratgeber sind sorgfältig und gewissenhaft geprüft. Sollte dennoch einmal ein Fehler enthalten sein, schicken Sie uns das Buch mit dem entsprechenden Hinweis an unseren Leserservice zurück. Wir tauschen Ihnen den GU-Ratgeber gegen einen anderen zum gleichen oder einem ähnlichen Thema um.

GRÄFE UND UNZER

Ein Unternehmen der
GANSKE VERLAGSGRUPPE

Die Autorin
Erika Casparek-Türkkan arbeitete als Redakteurin bei einer Kölner Tageszeitung, bei einem Frauenblatt als Reise-Redakteurin, in München bei der größten deutschen Food-Zeitschrift und wurde schließlich freie Autorin. Ihre Reisen dienten nicht nur dem Interesse an der Kultur, vor allem der Esskultur anderer Länder, sondern auch ihrem Beruf, wie ihre Bücher für den GRÄFE UND UNZER VERLAG zeigen, so auch die *Weihnachtsbäckerei* mit vielen internationalen Rezepten für die schönste Zeit des Jahres.

Der Fotograf
Michael Brauner arbeitete nach Abschluss der Fotoschule in Berlin als Fotoassistent bei namhaften Fotografen in Frankreich und Deutschland und machte sich 1984 selbstständig. Sein individueller, atmosphärenreicher Stil wird überall geschätzt: in der Werbung ebenso wie in vielen bekannten Verlagen. In seinem Karlsruher Studio setzt er Rezepte zahlreicher GU-Titel stimmungsvoll ins Bild.

Bildnachweis: Titelbild: Studio L'EVEQUE Tanja und Harry Bischof (Styling und Fotografie); alle anderen: Michael Brauner

Programmleitung: Doris Birk

Leitende Redakteurin: Stephanie Wenzel

Projektleitung: Alessandra Redies

Redaktion: Monika Greiner

Lektorat: Petra Teetz

Korrektorat: Waltraud Schmidt

Innenlayout, Typographie und Umschlaggestaltung: Sandra Gramisci bei independent Medien-Design, München

Satz: Knipping Werbung GmbH, Berg/Starnberg

Herstellung: Petra Roth

Reproduktion: Penta Repro, München

Druck und Bindung: Printer, Trento

ISBN 978-8338-0688-9

2. Auflage 2007

GRÄFE UND UNZER

Ein Unternehmen der
GANSKE VERLAGSGRUPPE

100 JAHRE GANSKE VERLAGSGRUPPE